Tofu

Die besten Rezepte

Verena Krieger

Tofu

Die besten Rezepte

AT Verlag

Dieses Buch ist eine überarbeitete, neu gestaltete Auflage des erstmals 1993 unter dem Titel «Die Tofuküche» erschienenen Werks.

AT Verlag Aarau und München
Umschlagabbildung: Andreas Thumm, Freiburg i. Br.
Fotos: Atelier König & König, Zürich
Lithos: AZ Grafische Betriebe AG, Aarau
Druck und Bindearbeiten: Stalling, Oldenburg
Printed in Germany

ISBN 3-85502-916-4

Inhalt

Begegnung mit Tofu

Meine erste Begegnung mit Tofu fand auf einer Asienreise statt. In einer düsteren Ecke des grossen Marktplatzes von Katmandu priesen unbeholfene weisse Buchstaben «Soybean curd» an, was ich in meiner Unwissenheit mit «geronnene Sojabohnen» übersetzte. Daraufhin machte ich immer einen weiten Bogen um diesen Tofuladen.
In Japan, wo ich mich zwei Jahre später aufhielt, war es nicht mehr so leicht, dem Tofu auszuweichen. Er war dort allgegenwärtig, auf dem Gemüse- und Frischmarkt, im Supermarkt, und bald fand ich heraus, dass der Mann, der allmorgendlich händeklatschend die Gassen unseres Quartiers durchkämmte, der «Tofuyasan», der Tofumann war, der dort täglich seine Kundschaft mit frischem Tofu versorgte.
So lernte ich Tofu als Grundnahrungsmittel kennen, verarbeiten und seinen subtilen Geschmack allmählich geniessen. Zum Erstaunen der Japaner dauerte es nicht lange, bis ich ihn sogar selbst herstellen konnte. Dabei dachte ich vor allem an den eigenen Hausgebrauch, wenn ich Japan verlassen haben würde.

Tofu made in USA
Die nächsten Jahre verbrachte ich in den USA, wo ich mich in orientalischen Spezialitätenläden ohne grossen Aufwand mit frischem Tofu eindecken konnte. Ich servierte ihn sogar hie und da meinen ahnungslosen Gästen in dem kleinen Naturkostrestaurant, das ich inzwischen eröffnet hatte. Dabei fiel mir nichts Besseres ein, als ihn so zuzu-

bereiten, wie ich es in Japan gelernt hatte, als rohe, weisse Würfel, mit etwas Ingwersaft und Sojasauce übergossen. Ich hatte vergessen, dass ich selbst dies vor noch nicht allzu langer Zeit fast ungeniessbar gefunden hatte. Kein Wunder, liessen meine Gäste den Tofu meist unberührt auf ihren Tellern zurück! Ich war aber je länger, je mehr überzeugt, dass Tofu meine vegetarische Küche in idealer Weise ergänzte und dass es möglich sein musste, ihn auch meinen Gästen schmackhaft zu machen. Ich durchstöberte meine japanische Rezeptsammlung und befragte chinesische Kochbücher. Gerichte wie Inari Sushi (Seite 40) und Orientalisches Gemüseallerlei (Seite 46) erhielten ihren festen Platz auf meinem Menüplan. Schritt für Schritt wagte ich mich ins Tofuneuland vor.
Wie aber staunte ich, als Tofu plötzlich in Naturkostläden, Reformhäusern und sogar in grossen Supermärkten auftauchte. Das 1981 erschienene «Tofu-Buch» von William Shurtleff und Akiko Aoyagi hatte über Nacht Tausende von Amerikanern zu Tofuanhängern gemacht. Der Verwendung von Tofu waren keine Grenzen mehr gesetzt: Tofukuchen, die herkömmlichem Quarkkuchen in nichts nachstehen, wurden kreiert, fettarme Mayonnaisen und Salatsaucen und natürlich der «Tofuburger» (Seite 30).
Seit kurzem hat das «Tofufieber» auch auf Europa übergegriffen, und ich bin überzeugt, dass sich der Tofu auch in unseren Küchen heimisch fühlen wird – nicht nur als schmackhafte Abwechslung auf unserem Speisezettel, sondern auch als echter Gewinn für unsere Gesundheit und unsere Umwelt.

Tofu hat sich einen Platz erobert
Zwanzig Jahre sind es her, seit dieses Vorwort meine erste Sammlung von Tofurezepten begleitet hat. Gesundheits- und Umweltbewusstsein sind heute gewachsen. Der Tofu hat sich auch bei uns einen festen Platz erobert.
Und dennoch ist er für viele immer noch weder Fisch noch Vogel. Seine Konsistenz und sein neutraler Geschmack erlauben es, ihn wie Quark oder Frischkäse, wie Eier oder wie zartes Fleisch zu gebrauchen. Er kann würzig oder süss, roh oder gekocht gegessen werden. Doch dieses weite Spektrum von kulinarischen Möglichkeiten erleichtert den Umgang mit Tofu keineswegs, im Gegenteil.
So wie er erschienen ist, verschwindet er bei vielen wieder von der Einkaufsliste.
Deshalb brauchen wir gute Tofurezepte. Sie sind in diesem Buch eingeteilt nach den Grundtechniken der Tofuzubereitung, Braten, Sieden, Schmoren oder Backen. Wer mit diesen Techniken einmal vertraut ist, wird bald mit grösserer Sicherheit an neue, eigene Tofuexperimente herangehen.

Dazu wünsche ich viel Vergnügen und Genuss!

Luzern, im November 2002

Verena Krieger

Je frischer, desto lieber

Frische ist oberstes Gebot
Tofu ist ein sehr verderbliches Nahrungsmittel. In Japan, wo die Tofuküche Höhepunkte an Finesse erreicht hat, wird Tofu, der mehr als 24 Stunden alt ist, als minderwertig bezeichnet und nicht mehr roh gegessen.

Tofu aufbewahren
Tofu muss immer kühl aufbewahrt werden. Man kann ihn in der Originalverpackung in den Kühlschrank legen. Er bleibt jedoch länger frisch und behält einen besseren Geschmack, wenn er gleich nach dem Einkauf ausgepackt und in einem mit Wasser gefüllten Gefäss kühl gestellt wird. Er muss vollständig mit Wasser bedeckt sein, und das Wasser muss oft, möglichst täglich, gewechselt werden.
Angebrauchte Tofustücke werden ebenfalls in Wasser aufbewahrt. So ist Tofu gut 1 Woche über das auf der Verpackung angegebene Verfalldatum hinaus haltbar. Er sollte dann allerdings nicht mehr roh gegessen werden.

Tofu einfrieren
Man kann Tofu auch einfrieren. Dies ist keine Erfindung des Kühltruhenzeitalters. Es wird in China und Japan seit Jahrhunderten in kalten Winternächten praktiziert, und zwar nicht nur zur Haltbarmachung, sondern auch als kulinarische Abwechslung. Das Einfrieren verändert nämlich die Struktur des Tofus, macht ihn faseriger, fester und fleischähnlicher.

Tofu kann in der Originalpackung oder in einem Gefrierbehälter eingefroren werden. Die Veränderung der Konsistenz findet schon nach 24 Stunden statt, aber auch monatelanges Einfrieren schadet ihm nicht – im Gegenteil, er gewinnt dadurch an Geschmack. Nach spätestens 6 Monaten sollte er aber aufgebraucht werden.
Wer genügend Zeit hat, kann den Tofu im Kühlschrank oder bei Zimmertemperatur auftauen lassen. Sonst übergiesst man ihn mit kochend heissem Wasser und lässt ihn 10 bis 15 Minuten auftauen. Aufgetauten Tofu spült man mit kaltem Wasser ab und presst mit leichtem, aber nachhaltigem Handdruck das Wasser heraus. Nun ist er bereit zur Weiterverarbeitung nach den Rezepten Seite 82ff.

Massangaben

EL	=	Esslöffel (gestrichen) = 15 ml
TL	=	Teelöffel oder Kaffeelöffel (gestrichen) = 5 ml
l	=	Liter
ml	=	Milliliter (100 ml = 1 dl = 1/10 l)

Pro Person wurden 50 bis 100 g Tofu pro Mahlzeit gerechnet.

Wenn nicht anders angegeben, sind die Rezepte für 4 Portionen gerechnet.

Rezepte mit diesem Zeichen enthalten keine tierischen Produkte oder nur solche, die weggelassen werden können (z. B. Reibkäse zum Bestreuen).

Tofu für Gesunde und Kranke

Als «Fleisch des Feldes» bietet Tofu hochwertiges rein pflanzliches Eiweiss (8%). Er enthält alle essenziellen Aminosäuren und stellt einen vollwertigen Ersatz für Fleisch, Fisch, Eier und Milchprodukte dar.
Weitere im Tofu enthaltene Nährstoffe sind: rein pflanzliches Fett mit essenziellen Fettsäuren (5%), Kalium, Calcium, Phosphor, Magnesium, Eisen sowie die Vitamine der A- und B-Gruppe. Tofu ist reich an Vitamin E. Sein Gehalt an Folsäure ist vergleichbar mit dem von Weissbrot oder Birnen. Der Kaloriengehalt beträgt 85 kcal/356 kJ pro 100 g. Für Veganer wichtig zu wissen: Tofu enthält kein Vitamin B_{12}. Dieser Mangel kann leicht wettgemacht werden, indem man die Tofugerichte mit echter Sojasauce (siehe Seite 12) würzt.

Übergewicht
Tofu hat ein günstigeres Eiweiss-Kalorien-Verhältnis als fast jede tierische Eiweissnahrung. Überall, wo Fett oder tierische Eiweissprodukte durch Tofu ersetzt werden, können Kalorien gespart werden. Tofu hat zudem eine gute Sättigungswirkung.

Herz- und Kreislaufkrankheiten
Tofu ist cholesterinfrei und hat als Hülsenfruchtprodukt eine nachweisbar cholesterinsenkende Wirkung. Er enthält in rohem Zustand kein Kochsalz.

Diabetes, Hypoglykämie
Mit nur 2 bis 3 % teilweise nicht resorbierbaren Kohlenhydraten hat Tofu ein sehr günstiges Verhältnis von Eiweiss zu Kohlenhydraten.

Magen und Darm
Tofu ist leicht verdaulich und in gekochten Speisen weder reizend noch blähend.

Leber und Galle
Dank seinem geringen Fettgehalt ist Tofu sehr gut verträglich.

Nieren, Rheuma, Gicht
Tofu ist basenüberschüssig und gilt als Lebensmittel mit geringem Harnsäuregehalt.

Milchallergie und -unverträglichkeit
Sojamilch und Tofu stellen einen gleichwertigen Ersatz für Kuhmilchprodukte dar. Sie enthalten kein Milcheiweiss (Casein) und keinen Milchzucker (Laktose).

Zöliakie
Tofu ist glutenfrei.

Von der Wiege bis zur Bahre
Tofu kann von jeder Altersgruppe genossen werden. Säuglinge und ältere Menschen schätzen die weiche Konsistenz von Tofu.

Unsere tägliche Soja

Alljährlich passieren über 100 000 Tonnen Soja in Form von Bohnen, Schrot, Mehl, Öl und anderem aus den USA, der EU, Kanada, Brasilien und Drittweltländern die Schweizer Grenze. Ein verschwindend kleiner Teil wird zu Tofu oder Reformprodukten verarbeitet. Der Rest verschwindet sang- und klanglos in Tier- und Menschenmägen. Die Asiaten sind längst nicht mehr die einzigen grossen Sojaesser. Die Sojabohne ist in den westlichen Industrieländern ein ebenso wichtiger Bestandteil der Ernährung geworden wie im Fernen Osten. Der Unterschied besteht darin, dass man sie dort mit Stolz auftischt und mit Genuss verzehrt, während sie hier mit vielen technologischen Kniffen ins Essen «geschmuggelt» oder in der Tiermast vergeudet wird.

Vom Nährwert her gesehen, ist diese Hülsenfrucht eine kleine Wundertüte. Nicht umsonst galt sie im alten chinesischen Kaiserreich als heilig. Die rohe Bohne enthält bis zu 40% Eiweiss, etwa 18% Fett mit einem hohen Anteil an ungesättigten Fettsäuren, Mineralstoffe, Vitamine und Ballaststoffe. Daneben enthält sie auch Stoffe, die sich auf den menschlichen Organismus negativ auswirken können. Deshalb sind im Fernen Osten Verfahren entwickelt worden, die diese schwer verdauliche Ackerfrucht in bekömmliche, gesundheitsfördernde, schmackhafte Nahrungsmittel verwandeln. Die echte, traditionelle Sojasauce zum Beispiel wird wie ein guter Wein gegoren und während 1½ Jahren in Fasern zur Reife gebracht.

Im Westen hingegen muss alles viel schneller gehen. Das gilt nicht nur für die Sojasauce, die bei uns als Imitation im Würzfläschchen in der Küche steht und im Schnellverfahren gebraut wird. Das gilt vor allem für die Sojapflanze selbst, die in wenigen Jahrzehnten zu einem der wichtigsten Rohstoffe auf dem Weltmarkt geworden ist. Als sie gegen Ende des 19. Jahrhunderts auf US-amerikanischen Äckern Wurzeln zu schlagen begann, wusste man vorerst nichts mit dem Eiweisssegen anzufangen. Sojamehl schmeckte bitter und wurde bald ranzig, und das Vieh vertrug die rohen Bohnen nicht. Die Stauden wurden als billiger Dünger untergepflügt. Zwei Entdeckungen halfen ihr auf die Sprünge: das Dextrieren oder Rösten der Bohnen und die Extraktion, das chemische Herauslösen des Öls. Das Dextrieren zerstört die für Nutztiere unverträglichen Substanzen und wurde bald in industriellem Massstab durchgeführt. Heute gibt es kaum Kraftfuttermischungen, die nicht Soja enthalten. In der Tiermast wird der hohe Eiweissgehalt der Sojabohne ausgeschlachtet, allerdings auf wenig haushälterische Art. Bis zu 20 Gramm Sojaeiweiss muss ein Tier fressen, um daraus 1 Gramm Fleisch- oder Milcheiweiss zu erzeugen. Eine Verschwendung sondergleichen, wenn man bedenkt, dass es im Fernen Osten seit Jahrtausenden einfache Technologien gibt, die 1 Gramm rohes Sojaeiweiss in 1 Gramm wohlschmeckende und gesunde Eiweissgerichte für den Menschen umwandeln.

Für die Lebensmitteltechnologie ist das in der Sojabohne enthaltene Öl interessant.

Deshalb wird Soja im Westen als Ölfrucht gehandelt, obwohl sie nur zu rund einem Fünftel aus Öl besteht. In der Ölfabrikation werden die gemahlenen Sojabohnen mit benzinähnlichen Substanzen getränkt, damit sich das Fett vom Rest der Bohne trennt. So entstehen Rohöl und Ölkuchen, beide durchsetzt von giftigen Lösungsmitteln. Das Öl wird gereinigt und raffiniert und gelangt schliesslich als billiges Speiseöl auf den Markt. Oder es wird weiterverarbeitet und zu Margarine gehärtet. Deklariert als «Pflanzenöl» oder «-fett», sichert uns die Soja so unsere tägliche Ration Naschwaren, vom Aperitifstengel über Pommes frites bis zum Blätterteiggebäck und zur Glace.

Zwei für die Lebensmittelindustrie unentbehrlich gewordene Zusatzstoffe, der Emulgator E 322, bekannt als Lezithin, und das Konservierungsmittel E 306 sind ebenfalls aus Soja. Sie werden in sehr spezialisierten Verfahren aus dem Sojarohöl gewonnen.

Das, was von der Sojabohne übrig bleibt, nachdem ihr das Öl entzogen wurde, der Ölkuchen, geht andere Wege. Was nicht in Tiermägen endet, wird zu Sojaflocken, Griess, Schrot oder Mehl. Das mit Sojaflocken angereicherte «Kraft-Müesli» und das «Soja-Fitbrot» liefern unserer eiweissgemästeten Gesellschaft völlig überflüssiges Eiweiss und den Verarbeitern das grosse Geschäft. Soja ist nämlich eine billige und überaus praktische Zutat. «Ihre Vorzüge liegen weniger in der Deckung des täglichen Proteinbedarfes der Verbraucher als vielmehr in der Nutzung der gewünschten technologischen Vorzüge», schreibt der Bäckermeisterverband. Zu diesen «Vorzügen» gehört, dass Soja im Teig Wasser zu binden vermag, also die Backwaren schwerer (und teurer) macht. Sojakerne und Sojaschrot sind preiswerte Ersatzprodukte für Nüsse, Mandeln und Krokant.

Eine weitere Art der industriellen Sojaveredelung ist die Verarbeitung der Ölkuchen zu Eiweisskonzentraten und -isolaten. Letztere sind 90% reines Eiweiss. Diese Präparate werden in der Schweiz importiert und in «Pseudotofu» verwandelt oder als Ersatzfleisch verkauft.

In einer breiten Palette von Gerichten der Nahrungsmittelindustrie befindet sich Sojahydrolysat. Das ist in einem Salzsäurebad gewonnenes Sojaeiweiss, das uns als «Sojawürze» oder «aufgeschlossenes Pflanzeneiweiss» in Beutelsuppen, Fertigsaucen, Instantgerichten und tiefgekühlten Fertigmenüs aufgetischt wird.

Da vor allem in den USA immer mehr gentechnisch veränderte Soja angepflanzt wird und ein riesiger Druck auf andere Anbauländer ausgeübt wird, ebenfalls Gensoja zu produzieren, weiss niemand, wie viel Genfood – von der Fertigsuppe bis zum Schokoladeriegel – uns ins Haus steht. Noch ist es möglich, auf kontrolliert biologische Nahrungsmittel auszuweichen. Beim Kauf sollte man daher unbedingt einen mit Bio-Gütesiegel gekennzeichneten Tofu wählen.

Sojanahrung im Fernen Osten

Seit Jahrtausenden wird die Sojabohne im Fernen Osten in handwerklich hoch entwickelten, ernährungsphysiologisch unübertrefflichen und umweltschonenden Verfahren verarbeitet.

Fermentation

Durch Impfung der Bohnen mit Bakterien oder Schimmelpilzen und durch Fermentation entstehen, ähnlich wie bei der Käseherstellung, würzige Nahrungsmittel mit viel Geschmack und einem hohen Nährwert. Sie enthalten alle Vitamin B_{12}, einen Nährstoff, der sonst fast nur in tierischen Nahrungsmitteln vorkommt. Am bekanntesten und zum Teil auch bei uns erhältlich sind:

– Miso, in Japan Nahrungs- und Würzmittel zugleich, wird in Suppen, Saucen und als Aufstrich verwendet.

– Sojasauce, bei uns unter den Namen Shoyu und Tamari erhältlich.

– Tempeh ist eine indonesische Sojaspeise, die zum Teil auch im Westen hergestellt wird. Ein schneeweisser Edelpilz wie derjenige auf dem Brie oder Camembert überwächst innerhalb von 24 Stunden die gekochten Bohnen und gibt ihnen ein dezent rezentes Aroma und einen feinen, nussartigen Biss.

– Natto ist eine Spezialität für Kenner und Liebhaber der japanischen Küche.

Eiweissentzug

Eiweiss und Fett werden von den schwer verdaulichen Faserstoffen getrennt. Dabei entstehen:

– Sojamilch. Sie hat ähnliche Eiweisswerte wie die Kuhmilch, enthält aber weniger Fett und weniger Calcium. Dafür ist sie reich an Eisen. Im Fernen Osten wird sie wie Kuhmilch getrunken und ist so beliebt wie Cola. Im Westen wird sie vor allem von Kuhmilchallergikern geschätzt.

– Tofu. Nur Tofu, der nach dem herkömmlichen Verfahren hergestellt wird, verdient diesen Namen. Achten Sie beim Kauf darauf, dass der Tofu aus ganzen Sojabohnen und nicht aus Sojaisolaten oder Ähnlichem produziert wurde.

– Yuba. Wird Sojamilch «abgerahmt», so entsteht nicht Rahm, sondern eine zähe Haut, die in der fernöstlichen Küche zu leckeren Gerichten verarbeitet wird.

Keimen

Durch Keimen verwandelt sich die eiweissreiche Bohne in ein vitaminreiches Gemüse. Wer selbst Keime zieht, sollte Mungbohnen nehmen. Sie sind leichter zu keimen und, wenn sie roh gegessen werden, bekömmlicher als andere Sorten.

LITRE
PINT
UK

Für Kennerinnen und Feinschmecker

Kenner schwören auf rohen Tofu. Aber er muss frisch sein. Tofu, der mehr als einige Tage alt ist, sollte nicht nur aus geschmacklichen Gründen erhitzt werden. Keime, die sich während des Aufbewahrens bilden können, werden durch die Kochhitze zerstört.
Nicht allen schmeckt roher Tofu auf Anhieb. Wird er aber in eine würzige Marinade oder Vinaigrette eingelegt, mundet er garantiert. Man lässt ihn mindestens eine halbe Stunde darin ziehen. Schneller geht es, wenn er mit den Würzzutaten vermischt und mit einer Gabel zerstossen wird. Das ergibt einen Aufstrich oder eine Füllung.

Tofu roh als Vorspeise

Die beste Art, frischen, selbst gemachten Tofu zu essen.

200 g Tofu, in Würfel geschnitten
Schnittlauch, fein gehackt
3 EL Sojasauce, mit etwas Wasser verdünnt
Saft von ½ Zitrone
½ Knoblauchzehe, durchgepresst

- Die Tofuwürfel auf einer Platte arrangieren und mit dem Schnittlauch bestreuen.
- Die Zutaten für die Sauce in einer Schale verrühren.
- Am Tisch die Tofuwürfel mit Stäbchen oder einer Gabel nehmen und in die Sauce tunken.

Winterliche Variante

Die Tofuwürfel in kochendes Wasser geben. Wieder zum Kochen bringen und mit der Sauce heiss servieren. Auch Tofu, der nicht mehr ganz frisch ist, sollte für diese Vorspeise abgebrüht werden.

Variante mit Ingwersauce

Vom Zitronensaft nur ein paar Tropfen verwenden oder ihn ganz weglassen und dafür 1 Teelöffel Ingwersaft (siehe Tipp Seite 16) dazurühren.

Einfache Salatsauce

Diese Sauce passt gut zu zartblättrigen Salaten, Gurken, Rettich und Tomaten sowie zu gedämpftem Gemüse.

Saft von 1 Zitrone
4 EL Sesamöl
1 EL Sojasauce
150 g Tofu

■ Zitronensaft, Öl und Sojasauce mit einer Gabel verrühren.
■ Den Tofu beifügen und mit der Gabel zu groben Klumpen zerstossen.
■ Gut mischen und etwas ziehen lassen. Über den angerichteten Salat löffeln.

Schneller Tofuaufstrich

1 TL Hefewürze
1 EL Öl
2 TL Essig
1 Knoblauchzehe, durchgepresst
Meersalz, Pfeffer aus der Mühle
200 g frischer Tofu

■ Alle Zutaten ausser dem Tofu mit einer Gabel verrühren.
■ Den Tofu beifügen und gründlich zerstossen. Gut mischen und als Aufstrich für belegte Brötchen, Sandwichs oder Toast verwenden oder als Beilage zu Schalenkartoffeln oder zu einem Salatteller reichen.

Baumnuss-Pâté

100 g Baumnusskerne (Walnusskerne)
300 g Tofu
3 EL gutes Öl oder Rahm
1 Bund Schnittlauch, fein geschnitten
2 EL Petersilie, fein gehackt
1 TL Kräutersalz
½ TL Sojasauce oder Hefewürze
¼ TL Curry

■ Die Nusskerne ohne Fettzugabe rösten, bis sie fein duften. Erkalten lassen und fein mahlen.
■ Inzwischen den Tofu in eine Schüssel geben und mit einer Gabel gründlich zerstossen. Alle Zutaten beifügen und gut mischen.
■ Als Aufstrich, Vorspeise oder Apérohäppchen auf Brötchen, Kräcker oder Gemüsestücke streichen.

Eingelegter Tofu

Nichts wird den Tofuverzehr in Ihrem Haushalt so steigern wie Tofu, in eine rassige Marinade eingelegt. Bei uns verschwindet er auf geradezu mysteriöse Weise immer wieder aus dem Kühlschrank.
Nehmen Sie den Tofu gleich nach dem Einkauf aus der Verpackung und legen Sie ihn möglichst frisch ein. Er ist schon nach einer halben Stunde essbereit, wird aber durch längeres Marinieren noch schmackhafter. Eingelegter Tofu behält seine Frische etwa 2 Tage. Nachher wird er besser gekocht genossen. In der Bratpfanne leicht angebräunt, schmeckt er fantastisch.

Variante 1
250 g frischer Tofu
Pfeffer und/oder Ingwer (siehe Tipps), Curry, Paprika, Sambal Oelek
1 Knoblauchzehe, durchgepresst oder in Scheiben geschnitten
1–2 TL Essig
ein paar Tropfen geröstetes Sesamöl, nach Belieben (siehe Tipps)
2 EL Sojasauce

Variante 2
150 g frischer Tofu
½ TL Meersalz
1 EL Olivenöl
2 EL Weisswein
1 Knoblauchzehe, durchgepresst
Oregano, Basilikum
Pfeffer aus der Mühle

■ Den Tofu mit kaltem Wasser abspülen und in Scheiben schneiden. Möglichst satt in ein passendes Gefäss (z. B. einen Tiefkühlbehälter) füllen.
■ Alle übrigen Zutaten darüber verteilen. Im Kühlschrank ziehen lassen.
■ Den Tofu von Zeit zu Zeit wenden oder die Marinade darüber löffeln.

Tipps
■ Frische, ungeschälte Ingwerwurzel in der Faserrichtung auf einer Rohkost- oder Zitronenraffel reiben. Mit der Faust auspressen und den Saft auffangen. Diesen roh verwenden oder gegen Ende der Kochzeit beifügen.
■ Geröstetes Sesamöl ist erhältlich in asiatischen Spezialitätenläden oder in Reformhäusern. Es hat eine bräunliche Farbe und darf nicht verwechselt werden mit Sesamöl aus frischen Samen, das leicht grünlich ist.

Eingelegter Tofu ▶

Kresseschiffchen

Je nachdem, ob diese delikaten Häppchen zum Aperitif gereicht werden, als Vorspeise oder anstelle von Salat, ergibt das Rezept 4 bis 8 Portionen.

200 g frischer Tofu
1 EL Zitronensaft
1 EL geröstetes Sesamöl (siehe Tipp Seite 16)
½ EL Sojasauce
2 Hand voll (ca. 50 g) Brunnen- oder Gartenkresse, fein geschnitten
2–3 Chicorées (Brüsseler)
1 Mandarine oder ½ Orange, in schönen Schnitzen

■ Den Tofu in eine Schüssel bröckeln und mit einer Gabel zerdrücken. Zitronensaft, Sesamöl, Sojasauce und Kresse dazugeben und alles gut mischen.
■ Die Chicorées in einzelne Blätter teilen und sternförmig auf eine Platte legen.
■ Die Blätter mit der Tofumischung füllen. Mit den Mandarinenschnitzen garnieren und sofort servieren.

Gefüllte Tomaten

1 TL Senf
1 Knoblauchzehe, durchgepresst
1 EL Olivenöl
1 EL Sojasauce
1 EL Zitronensaft oder Essig
½ Bund Schnittlauch, fein gehackt
½ Bund frischer Basilikum, fein gehackt
2 EL Sellerie, fein geraspelt
200 g frischer Tofu, in kleine Würfel geschnitten
2 EL Baumnüsse (Walnüsse), geröstet und grob gehackt
4 schöne Tomaten
Kräutersalz

■ Senf, Knoblauch, Olivenöl, Sojasauce und Zitronensaft verrühren.
■ Kräuter, Sellerie, Tofu und Baumnüsse beifügen und sorgfältig mischen. Etwas ziehen lassen.
■ Von den Tomaten einen Deckel abschneiden und das Fleisch herauslösen.
■ Die Tomaten mit Kräutersalz ausstreuen und mit der Tofumasse füllen. Mit einem Basilikumblatt garnieren und den Deckel schräg darauf setzen.

Kresseschiffchen und gefüllte Tomaten ▶

Griechischer Salat

Sauce:
½ TL Meersalz
½ TL Senf
1 TL Hefewürze
3 EL Zitronensaft
1 Knoblauchzehe, durchgepresst
Pfeffer aus der Mühle
6 EL Olivenöl

200 g frischer Tofu, in Würfel geschnitten
½ Bund frischer Dill, fein gehackt
¼ Bund frischer Oregano, fein gehackt
schwarze Oliven
100 g taufrischer Spinat
½ Lattich, Kopfsalat oder Pflücksalat, in mundgerechte Stücke gerissen
1 rote Zwiebel oder 2 Frühlingszwiebeln, in feine Ringe geschnitten
1 kleine Gurke, in Scheiben geschnitten
2 Tomaten, gewürfelt

■ Die Zutaten für die Sauce in eine grosse Schüssel geben und mit dem Schneebesen verrühren.
■ Tofu, Kräuter und Oliven unterheben und wenn möglich ½ Stunde ziehen lassen.
■ Die übrigen Zutaten vorbereiten und kurz vor dem Auftragen mit der Sauce mischen und anrichten.

Pikantes Pâté

3 gehäufte EL gemischte Nüsse
1 Schalotte oder ½ Bund Schnittlauch
200 g Tofu
1 EL Mayonnaise oder 2 EL Rahm
1 TL Senf
½ TL Sambal Oelek
1 Prise Curry
Salz nach Geschmack
1 EL schwarze Rosinen, nach Belieben

■ Die Nüsse sehr fein mahlen. Schalotte oder Schnittlauch fein schneiden.
■ Alle Zutaten ausser den Rosinen in eine Schüssel geben. Mit einer Gabel zerdrücken und gut mischen.
■ Die Rosinen klein schneiden und unterheben.
■ Passt zu Kartoffeln in der Schale oder als Aufstrich auf Brot oder Kräcker oder, mit dem Spritzsack auf rohe Gemüsestücke dressiert, zum Aperitif oder als Vorspeise.

◄ *Griechischer Salat*

Fast pfannenfertig

Rührtofu kann in Saucen, Füllungen oder Küchlein ähnlich wie Hackfleisch verwendet werden. Oder als Mahlzeit für Eilige wird er wie Rührei gewürzt und zubereitet. Für alle Rezepte mit Rührtofu zerdrückt man den weissen Würfel in der Faust und bröckelt ihn in eine erwärmte Bratpfanne. Dann werden die Tofuklümpchen bei mittlerer Hitze unter häufigem Rühren angebraten, bis sie die gewünschte Bräunung und Konsistenz haben. Es braucht dazu nur wenig oder gar kein Fett.

Tofuküchlein

250 g Tofu
1 Knoblauchzehe, durchgepresst
1 Messerspitze Muskat
¼ TL Thymian
1 EL Sojasauce
75 g Vollkornmehl
2 Eier
50 ml Milch oder Wasser
1 Prise Meersalz
Pfeffer aus der Mühle
50 g geriebener Greyerzer
Butter oder Maiskeimöl zum Braten

■ Den Tofu in der Faust zerdrücken und in eine Bratpfanne bröckeln. Mit Knoblauch, Muskat und Thymian würzen.
■ Bei mittlerer Hitze unter gelegentlichem Rühren die Stücke leicht anbraten. Aus der Pfanne nehmen und mit der Sojasauce beträufeln.
■ Die Bratpfanne mit Küchenpapier ausreiben und wieder bereitstellen.
■ Mehl, Eier, Milch, Salz, Pfeffer und Käse verrühren. 5 Minuten quellen lassen. Den gebratenen Tofu einrühren.
■ Die Bratpfanne wieder auf die Herdplatte stellen und etwas Fett darin erwärmen. Von der Tofumasse mit einem Esslöffel Portionen abstechen und in die Pfanne geben. Die Häufchen mit einer Gabel flach drücken und beidseitig goldbraun braten.
■ Die Küchlein heiss mit Saisonsalaten oder einer Gemüsesauce servieren. Sie schmecken auch kalt als Zwischenverpflegung.

Rührtofu

Für 1 Portion

1 TL Butter oder Öl
75 g Tofu
Meersalz oder Kräutersalz
Pfeffer aus der Mühle

■ Die Butter in einem Bratpfännchen erwärmen.
■ Den Tofu in der Faust zerdrücken, in Bröcklein in die Pfanne geben und bei mittlerer bis kleiner Hitze ein paar Minuten rührbraten.
■ Nach Geschmack würzen und wie Rührei servieren.

Varianten
■ Den Rührtofu mit Kräutern, einer durchgepressten Knoblauchzehe, Sojasauce, Hefewürze oder Sambal Oelek aromatisieren.
■ Gelb wie Rührei wird der Tofu, wenn er mit Kurkuma (Gelbwurz) oder Curry gewürzt wird.
■ Etwas fein gehackte Zwiebel und/oder Champignons in der Butter glasig braten. Den Tofu beifügen und fertig braten.
■ In einer guten beschichteten Bratpfanne kann Rührtofu auch ohne Fett zubereitet werden.

Tofu-Bolognese

2 EL Olivenöl
1 grosse Zwiebel, fein gehackt
3 Knoblauchzehen, durchgepresst
300 g Tofu
1 TL Meersalz
5–6 frische Tomaten, in kleine Würfel geschnitten, oder dieselbe Menge gehackte Dosentomaten (Pelati)
2 EL Tomatenpüree
½ Bund frischer Basilikum, fein gehackt, oder 1 EL getrockneter Basilikum
1 Lorbeerblatt
½ TL Paprika, edelsüss
Pfeffer aus der Mühle
100–200 ml Rotwein

■ Das Olivenöl in einer Saucenpfanne erwärmen. Zwiebel und Knoblauch darin anziehen lassen.
■ Den Tofu, in der Faust zerdrückt, in Bröcklein beigeben, salzen und unter Rühren anbraten.
■ Alle übrigen Zutaten beifügen und zu einer Sauce einköcheln lassen, bis sie die gewünschte Konsistenz hat (mindestens ½ Stunde). Nach und nach den Rotwein zugeben. Oft umrühren.
■ Zusammen mit geriebenem Parmesan zu Vollkornteigwaren servieren.

Dinkelomeletten mit Peperoni-Tofu-Füllung

250 g Dinkelmehl, frisch gemahlen
300 ml Wasser
1 TL Meersalz
2 Eier, verquirlt
300 ml Milch
Maiskeimöl

Füllung:
250 g Tofu
Kräutersalz, Pfeffer
1 EL Olivenöl
2 Zwiebeln, in feinen Halbmonden
500 g Peperoni (Paprika), in Streifen geschnitten
1 Knoblauchzehe, durchgepresst
½ TL Thymian
1 Lorbeerblatt
300 ml Gemüsebrühe
200 ml Weisswein
100 ml Rahm
gut 1 EL Speisestärke oder Marantamehl

■ Das Mehl in eine grosse Schüssel geben. Das Wasser zugeben und mindestens ½ Stunde quellen lassen.
■ Die übrigen Zutaten ausser dem Öl beifügen und rühren, bis ein glatter Teig entsteht. Mindestens ½ Stunde ruhen lassen. Vor dem Braten die Festigkeit des Teigs prüfen und wenn nötig nochmals verdünnen.
■ Wenig Öl in der Bratpfanne erhitzen. Etwas Teig in die Mitte der Pfanne giessen und einige Sekunden anbacken lassen. Den Teig durch Kippen der Pfanne gleichmässig zu einer dünnen Omelette verlaufen lassen.
■ Wenn die Oberfläche fest ist – sie darf keine hellen Stellen mehr aufweisen –, wenden und fertig backen. Auf einen vorgewärmten Teller schichten, warm halten und den restlichen Teig ebenso zu Omeletten backen.

■ Für die Füllung den Tofu in der Faust zerdrücken und in eine grosse Brat- oder Saucenpfanne bröckeln. Bei mässiger Hitze ein paar Minuten rührbraten. Mit Salz und Pfeffer würzen und aus der Pfanne nehmen. Das Olivenöl in der Pfanne erwärmen, nacheinander Zwiebeln und Peperoni beifügen und glasig braten.
■ Knoblauch, Thymian, Lorbeer und den gebratenen Tofu dazumischen und mit der Gemüsebrühe ablöschen. Zum Kochen bringen und den Wein dazugeben. Die Pfanne vom Herd nehmen und den Rahm einrühren. Abschmecken.
■ Die Speisestärke in wenig Wein oder Wasser anrühren, unter das Gemüse rühren und nochmals aufkochen.
■ Die Omeletten füllen und sofort servieren.

Variante

Die Peperoni (Paprika) können durch andere Saisongemüse ersetzt werden.

Tipp

Die Peperoni-Tofu-Füllung kann auch in Pastetchen gefüllt oder zu Kartoffeln, Teigwaren oder Getreide gereicht werden.

Dinkelomeletten mit Peperoni-Tofu-Füllung ▶

Kohlwickel mit Buchweizen-Tofu-Füllung

200 g Buchweizen
½ l Wasser
1 Prise Meersalz
wenig Öl
1 Zwiebel, fein gehackt
300 g Tofu
100 g Champignons, klein geschnitten
1 Knoblauchzehe, durchgepresst
2 EL Sojasauce
1 Kopf Kohl oder Wirz
1 Rezeptmenge Weisse Sauce

■ Den Buchweizen in heissem Wasser spülen und abtropfen lassen. Mit dem Meersalz und Wasser zum Kochen bringen. Zugedeckt 15 Minuten köcheln und 15 Minuten quellen lassen.
■ In einer grossen Bratpfanne die Zwiebel glasig braten. Den Tofu, in der Faust zerdrückt, in Brocken dazugeben und ein paar Minuten rührbraten. Champignons und Knoblauch beifügen und kurz mitbraten. Vom Herd nehmen und mit der Sojasauce würzen. Den gekochten Buchweizen dazumischen.
■ Den Kohl in einzelne Blätter zerlegen und die dicken Blattrippen wegschneiden. In reichlich Salzwasser blanchieren, unter kaltem Wasser abschrecken und auf einer grossen Arbeitsfläche ausbreiten.
■ Die Buchweizenfüllung auf die Blätter verteilen, einrollen und die Wickel dicht nebeneinander in eine eingefettete Auflaufform legen.
■ Die Weisse Sauce zubereiten und über die Kohlwickel giessen. Im Backofen bei 200 Grad 25–30 Minuten überbacken.

Tipp

Wenn sich die Blätter nicht vom Kohl lösen, den ganzen Kohlkopf ein paar Minuten in kochendes Salzwasser tauchen. Herausnehmen und die äusseren Blattschichten ablösen. Wiederholen, bis man genug Blätter hat. Sie müssen nicht mehr blanchiert werden.

Weisse Sauce

30 g Butter oder
2 EL Maiskeimöl
4 EL Mehl
ca. ½ l kalte Flüssigkeit (Wasser, Milch, Brühe)
wenig Meersalz
Muskat
Kräuter, durchgepresster Knoblauch, Gewürzextrakt, je nach Verwendung der Sauce

■ Das Fett in einer Saucenpfanne erwärmen. Das Mehl beifügen und bei kleiner Hitze ein paar Minuten rösten.
■ Vom Herd nehmen und kaltes Wasser oder Brühe mit dem Schneebesen langsam einrühren, bis ein Brei entsteht.
■ Aufkochen, Milch oder Brühe dazugiessen und etwa 15 Minuten köcheln lassen. Nach Geschmack würzen und wenn nötig noch Flüssigkeit zugeben.

Hirseauflauf mit Gemüse und Tofu

200 g Hirse
½ l Wasser
1 Prise Meersalz
1 Rezeptmenge Weisse Sauce (Seite 26)
750 g Saisongemüse (z. B. Zucchini, Fenchel, Blumenkohl), in mundgerechte Stücke geschnitten
wenig Öl
1 Zwiebel, fein gehackt
300 g Tofu
2 EL Sojasauce
geriebener Käse, nach Belieben

■ Die Hirse in heissem Wasser spülen, abtropfen lassen. Mit dem Meersalz und Wasser zum Kochen bringen. Zugedeckt 10 Minuten köcheln und anschliessend 15 Minuten quellen lassen.
■ Die Weisse Sauce zubereiten.
■ Das Gemüse im Dampfeinsatz garen, bis es knapp bissfest ist.
■ In einer Bratpfanne die Zwiebel glasig dünsten. Den Tofu, in der Faust zerdrückt, in Brocken dazugeben und 5 Minuten rührbraten.
■ Vom Herd nehmen und mit der Sojasauce würzen.
■ Die gekochte Hirse darunter mischen. Eine grosse Auflaufform einfetten und mit dem Gemüse belegen. Die Hirse darüber verteilen, dann die Weisse Sauce darüber giessen. Nach Belieben mit Käse bestreuen. Im Backofen bei 200 Grad 20 Minuten überbacken.

Eiersalat ohne Eier

½ TL Senf
¼ TL Honig
Pfeffer aus der Mühle
Meersalz nach Geschmack
½ TL Sojasauce oder Hefewürze
2 EL Sonnenblumen- oder Distelöl
1 EL Zitronensaft oder Essig
¼ Zwiebel, fein geschnitten

250 g Tofu
½ TL Curry oder ¼ TL Kurkuma (Gelbwurz)
1 EL frische Kräuter, fein gehackt

■ Die Zutaten für die Sauce in eine Schüssel geben und mit dem Schneebesen sämig rühren.
■ Die Bratpfanne erwärmen. Zuerst Curry oder Kurkuma hineinstreuen, dann den Tofu in Brocken dazugeben. Unter Rühren die Stücke fest, aber nicht zäh werden lassen.
■ Noch warm mit der Salatsauce vermischen und erkalten lassen. Mit Kräutern bestreut auf ein schönes Salatblatt anrichten.

Vermengt und geknetet kaum wiederzuerkennen

Für Burger oder Frikadellen zerbröckelt man den Tofu in eine Schüssel, gibt weitere Zutaten wie fein geschnittenes oder geraspeltes Gemüse, Kartoffeln, gekochtes Getreide oder Flocken, Paniermehl, Eier, Kräuter und Gewürze dazu und knetet das Ganze durch, bis es gut zusammenhält. Die Tofuplätzchen können gebraten oder frittiert werden. Um schön gleichmässige Formen zu erhalten, kann man die Masse mit einem Glaceportionierer abstechen. Zum Braten setzt man die Kugeln direkt in die Bratpfanne und drückt sie mit einer angefeuchteten Gabel flach. Es empfiehlt sich, nicht zu grosse Plätzchen zu machen, da diese leicht brechen.

Buchweizenburger

100 g Buchweizenkörner
gut 1/4 l Wasser
1/2 TL Gemüseextrakt
300 g in der Schale gekochte Kartoffeln, in grobe Würfel geschnitten
wenig Butter
1 grosse Zwiebel, fein gehackt
1 Knoblauchzehe, durchgepresst
300 g Tofu
1 Ei
wenig frischer Majoran, ganz fein gehackt
1 TL Paprika, edelsüss
Kräutersalz
Butter oder Öl zum Braten

- Den Buchweizen in heissem Wasser spülen und zusammen mit dem Wasser zum Kochen bringen. Gemüseextrakt beifügen und zugedeckt 15 Minuten köcheln lassen. Vom Herd nehmen und zugedeckt auskühlen lassen.
- Die Zwiebel in Butter oder Öl glasig braten. Alle Zutaten, ausser dem Bratfett, in eine Schüssel geben und zu einer feuchten Masse kneten.
- Das Fett in der Bratpfanne erwärmen und die Buchweizenmasse mit einem Glaceportionierer hineingeben. Die Kugeln mit einer Gabel flach drücken und beidseitig braun braten.
- Mit Zucchini-Quark-Sauce servieren.

Zucchini-Quark-Sauce

1 EL Olivenöl
500 g Zucchini, in grosse Stücke geschnitten
Kräutersalz
½ Bund frischer Dill, fein gehackt
3 EL Vollmilchquark oder saurer Halbrahm

■ Die Zucchini im Olivenöl glasig braten. Salzen und zugedeckt etwa 10 Minuten weich dämpfen.
■ Vom Herd nehmen und die übrigen Zutaten beifügen. Mit dem Stabmixer pürieren.
■ Nochmals sorgfältig, eventuell im Wasserbad, erwärmen und zu den Buchweizenburgern servieren.

Tofu-Nussburger

400 g Tofu
100 g Walnüsse, ganz fein gerieben
100 g Sellerie, fein gerieben
1 Knoblauchzehe, durchgepresst
wenig Majoran
1 Prise Curry
1 Prise Meersalz
½ EL Sojasauce
Maiskeimöl zum Braten

■ Den Tofu mit einer Gabel zerdrücken. Die übrigen Zutaten, ausser dem Öl, beifügen und alles zu einer gleichmässigen Masse kneten.
■ Das Öl in der Bratpfanne erwärmen. Mit einem kleinen Portionierlöffel von der Tofumasse Kugeln abstechen und in die Pfanne geben. Mit einer Gabel ganz flach drücken und die Plätzchen beidseitig goldbraun braten.
■ In einem Sandwich mit Chilisauce (Seite 30) oder zusammen mit Teigwaren oder Getreide und Gemüse geniessen.

Tofuburger milanese

400 g Tofu
100 g geriebener Sbrinz oder Parmesan
1 EL Paniermehl
1 EL Tomatenpüree
12 Oliven, in Stücke geschnitten
2 grosse Salbeiblätter, fein gehackt,
oder 1 TL gerebelter Salbei
wenig Meersalz
Pfeffer aus der Mühle

wenig Paniermehl zum Wenden
Öl zum Braten

■ Alle Zutaten mischen und zu einer gleichmässigen, weichen Masse kneten.
■ Aus der Masse Plätzchen formen und in Paniermehl wenden.
■ In einer Bratpfanne Öl erhitzen und die Burger bei mässiger Hitze beidseitig bräunen.
■ Zu Salat und Teigwaren, Polenta oder Reis oder zu Vollkornbrot servieren. Diese Tofuburger schmecken auch kalt sehr gut.

Tofuburger

Scheuen Sie sich nicht, dieses Grundrezept nach Gutdünken und vorhandenen Zutaten abzuändern. Knoblauch, fein gehackte frische Kräuter, Curry, Chili oder Sambal Oelek zum Beispiel geben diesen Plätzchen zusätzlichen Pfiff.

500 g Tofu
1 Karotte
50 g Sellerie
3–4 frische Champignons
1 Zwiebel
4 EL feine Haferflocken
1 EL Sojasauce
Meersalz
Kräuter oder Gewürze nach Belieben
Öl zum Braten

■ Karotten, Sellerie und Champignons fein reiben. Die Zwiebel fein schneiden. Mit den übrigen Zutaten in eine Schüssel geben und gründlich durchkneten.
■ Wenig Öl in die Bratpfanne geben. Mit dem Glaceportionierer Kugeln von der Masse abstechen, in die Pfanne geben und mit einer Gabel flach drücken. Beidseitig goldbraun braten.
■ Mit Zwiebelringen, Salatblättern, Kresse, Tomatenscheiben, Senf, Ketchup oder Chilisauce (rechts) in ein Vollkornbrötchen eingeklemmt servieren.

Variante mit Käse

Die Burger in der Pfanne braten. Einige Minuten vor Ende der Bratzeit auf jedes Stück eine Scheibe Tilsiter oder Raclettekäse legen. Die Pfanne zudecken und die Burger bei kleiner Hitze fertig braten.

Chilisauce

1 EL Olivenöl
1 EL Honig
3 EL Wasser
3 EL Rotweinessig
2 EL Tomatenpüree
1 Knoblauchzehe, grob gehackt
1 Zwiebel, grob gehackt
3 Tomaten, grob geschnitten,
oder 1 Tasse gehackte Dosentomaten (Pelati)
1 TL Kreuzkümmel
1 TL Chilipulver oder 2 Chilischoten
1 TL Meersalz
½ TL Koriander
¼ TL Cayennepfeffer

■ Alle Zutaten im Mixer oder mit dem Stabmixer pürieren, bis eine fast glatte Sauce entsteht.
■ In einem verschlossenen Glas im Kühlschrank aufbewahrt, hält diese Sauce 2 Wochen.

Tofuburger ▶

Grünkernbratlinge mit Tofu

100 g Grünkern (ganze Körner)
300 ml Wasser
1 winzige Prise Meersalz
1 Zwiebel
1 Karotte
300 g Tofu
1 Ei
frischer Estragon, Petersilie und wenig Dill
1 TL Hefewürze
Kräutersalz
Öl zum Braten

- Den Grünkern wenn möglich am Vorabend einweichen.
- Den Grünkern mit dem Wasser und Meersalz zum Kochen bringen. Zugedeckt 30 Minuten leicht köcheln und 15 Minuten quellen lassen.
- Inzwischen die Zwiebel fein hacken und in wenig Öl glasig braten. In eine grosse Schüssel geben.
- Die Karotte fein dazureiben. Alle übrigen Zutaten beifügen und die Masse ein paar Minuten kräftig kneten. Wenn die Masse sehr feucht ist, wenig Mehl darunter mischen.
- Wenig Öl in der Bratpfanne erwärmen. Mit einem Löffel oder Glaceportionierer Häufchen von der Masse abstechen, hineinsetzen und mit einer Gabel flach drücken. Die Plätzchen beidseitig goldbraun braten.
- Die Grünkernbratlinge ergeben zusammen mit einer Gemüsesauce oder einem schönen Saisonsalat und Vollkornbrot eine vollständige Mahlzeit. Kalt mit Chilisauce (Seite 30) und/oder Joghurt nature serviert, sind sie ein nahrhafter Snack.

Varianten

Anstelle von Grünkern können gekochte Hirse, Vollreis oder Buchweizen verwendet werden.

To-Fu-Yong

1 Rezeptmenge Tofuburger (Seite 30)

Sauce:
1 EL Sesamöl
100 g Champignons, in Blättchen geschnitten
2 Hand voll Sojakeimlinge
1 EL frischer Ingwersaft (Tipp Seite 16) oder
1 TL Ingwerpulver
1 Knoblauchzehe, durchgepresst
½ TL Sambal Oelek
300 ml Gemüsebrühe
1 EL Speisestärke oder Marantamehl
Sojasauce

- Die Tofuburger zubereiten und warm stellen.
- Für die Sauce das Sesamöl in einer Brat- oder Saucenpfanne erwärmen. Champignons und Sojakeimlinge 1–2 Minuten rührbraten.
- Ingwer, Knoblauch und Sambal dazugeben und mit der Brühe ablöschen.
- Die Speisestärke in wenig Wasser anrühren, zum Gemüse geben und aufkochen. Mit der Sojasauce abschmecken.
- Die Sauce so über die Burger anrichten, dass sie halb davon bedeckt sind.
- Zu Vollreis, Hirse oder Vollkornnudeln servieren.

Grünkernbratlinge mit Tofu ▶

Brutzeln und Braten zum guten Geraten

Einfach und schnell: Der Tofu wird in die gewünschte Form geschnitten – Scheiben, grosse oder kleine Würfel, Blättchen, Stäbchen, Streifen, Dreiecke – und in der Bratpfanne gebraten. Wenn die Stücke vorher mit Küchenkrepp abgetupft und in Mehl gewendet werden, spritzt es beim Braten weniger. Gewürzt wird nach Lust und Laune oder nach Rezept. Auch eingelegter Tofu (siehe Seite 16) eignet sich dafür.
Tofu kann auch frittiert werden. Die Stücke müssen fest und ganz trocken sein. Sie können «nature», paniert oder in einen Ausbackteig getaucht gebacken werden. Man kann ihn auch auf Vorrat frittieren und einfrieren.

Tofu-Flädli-Suppe

Der Tofu wird hier zur Suppeneinlage. Mit einem Stück Vollkornbrot und etwas Rohkost dazu ist die schnelle, einfache und kalorienarme Mahlzeit komplett.

200 g Tofu
Mehl
Öl
1 l Gemüsebrühe oder Bouillon
Schnittlauch und andere frische Kräuter, fein gehackt

■ Den Tofu in breite Stäbchen schneiden, mit Mehl bestäuben und bei mittlerer bis kleiner Hitze beidseitig braten, bis sie goldgelb sind und eine zähe Haut bekommen.
■ In die siedend heisse Brühe geben und einige Minuten ziehen lassen.
■ Anrichten und mit den Kräutern bestreuen.

Tofuschnitzel mit Senf

400 g Tofu
2 TL Senf
ca. 1 EL Sojasauce
Butter oder Öl zum Braten

■ Den Tofu in 1 cm dicke Scheiben schneiden. Abtupfen. In der Bratpfanne bei mittlerer bis kleiner Hitze beidseitig anbraten.
■ Senf und Sojasauce verrühren und die Schnitzel in der Pfanne damit bestreichen. Beidseitig nochmals kurz weiterbraten.

Tofuschnitzel

Für ganz Eilige. Die gebratenen Tofuscheiben können auch ins Sandwich gepackt werden.

400 g Tofu
Öl oder Butter zum Braten
Kräutersalz, Pfeffer, Sojasauce, Tabascosauce

- Den Tofu in 1 cm dicke Scheiben schneiden. Abtupfen.
- In der Bratpfanne bei mittlerer bis kleiner Hitze beidseitig goldgelb braten. Kräftig würzen.

Zitronen-Soja-Plätzchen

300 g Tofu
Mehl
Butter oder Öl zum Braten
Sojasauce
½ Zitrone
1 Knoblauchzehe

- Den Tofu in Scheiben schneiden und sorgfältig im Mehl wenden, so dass sie damit gut überzogen sind.
- In der Bratpfanne das Fett erwärmen und die Scheiben beidseitig anbraten, bis sie eine gelbe Kruste bekommen.
- Mit reichlich Sojasauce und etwas Wasser ablöschen und den Zitronensaft dazupressen. Den Knoblauch durch die Presse dazugeben. Die Sauce etwas einkochen lassen.
- Die Pfanne zudecken, vom Herd nehmen und den Tofu 5 Minuten ziehen lassen. Warm oder kalt servieren.

Tofugeschnetzeltes mit Pilzen

Butter oder Öl
1 Zwiebel, fein gehackt
100 g frische Champignons, in feine Blättchen geschnitten
400 g Tofu, in Blättchen geschnitten
1 EL Vollkornmehl
ca. ¼ l Gemüsebrühe
Pfeffer, Meersalz
Thymian
1 Knoblauchzehe, durchgepresst
2–3 EL Rahm

- Das Fett in der Bratpfanne erwärmen. Zwiebel und Champignons glasig braten. Die Tofublättchen hineingeben und mitbraten, bis sie braune Ränder bekommen.
- Mit dem Mehl bestreuen und wenden, bis alle Stücke damit überzogen sind. Mit der Gemüsebrühe ablöschen, würzen und köcheln lassen, bis die Sauce eindickt.
- Abschmecken und mit dem Rahm verfeinern.
- Passt zu Rösti, Teigwaren oder Getreide oder auch als Omeletten oder Pastetchenfüllung.

Panierte Tofustäbchen

Für kleine und grosse Kinder anstelle von Fischstäbchen.

400 g Tofu
Meersalz
Senf
Mehl
1 Ei
1 TL Milch oder Wasser
50 g Vollkornpaniermehl
2 TL Speisestärke oder Marantamehl
Öl oder Butter zum Braten

■ Den Tofu in 1 cm dicke Stäbchen schneiden. Mit Salz bestreuen und mit Senf bestreichen. Aufeinander legen und etwas marinieren lassen.
■ 3 Suppenteller bereitstellen. In den ersten Mehl geben, im zweiten Ei, Flüssigkeit und wenig Kräutersalz verrühren und im dritten Paniermehl und Stärkemehl vermischen.
■ Die Tofustäbchen zuerst im Mehl, dann im Ei wenden, am Tellerrand abstreifen, im Paniermehl wenden und dieses gut andrücken.
■ Bei guter Hitze in der Bratpfanne beid seitig goldbraun braten.

Varianten
■ Senf und Meersalz weglassen und eingelegten Tofu (Seite 16) verwenden.
■ Tofustäbchen nach Mailänder Art: Ein Drittel des Paniermehls durch geriebenen Parmesan ersetzen.
■ Die panierten Tofustäbchen frittieren.

Tofufilet Müllerinnenart

400 g Tofu
Meersalz
Saft von ½ Zitrone
Mehl
Butter oder Öl
2 EL Petersilie, fein gehackt

Zum Beträufeln:
2 EL Zitronensaft
1 EL Sojasauce
1–2 EL Butter

■ Den Tofu in 1 cm dicke Scheiben schneiden. Mit einer Gabel beidseitig feine Rillen einritzen. Salzen und mit Zitronensaft beträufeln. Die Scheiben aufeinander legen und 30 Minuten ziehen lassen.
■ Im Mehl wenden. Wenig Butter oder Öl in der Bratpfanne erwärmen und die Tofufilets auf beiden Seiten goldgelb braten.
■ Auf einer heissen Platte schuppenartig anrichten. Mit Petersilie bestreuen.
■ Zitronensaft, Sojasauce und Butter im Wasserbad erwärmen, gut verrühren und über die Tofuscheiben träufeln.

Panierte Tofustäbchen ▶

Tofu-Cordon-bleu

1 TL Senf
2 Knoblauchzehen, durchgepresst
1 Schalotte oder 1 kleine Zwiebel, ganz fein gehackt
2 EL Sojasauce
100 g Emmentaler und Greyerzer, gemischt, gerieben
2 EL frische, fein gehackte Kräuter nach Wahl oder 1 TL getrocknete Kräuter
2 EL Weisswein
400 g Tofu
Mehl
1 Ei, verquirlt und mit wenig Milch verdünnt
Paniermehl

■ Senf, Knoblauch, Zwiebel, Sojasauce, Käse, Kräuter und Wein zu einer Paste verrühren. Den Tofu in grosse Scheiben von ca. 3 mm Dicke schneiden und nebeneinander legen. Die Hälfte der Tofuscheiben mit der Paste bestreichen und die zweite Hälfte der Tofuscheiben darauflegen. Etwas andrücken.
■ Diese «Cordons bleus» zuerst im Mehl, dann im Ei und zuletzt im Paniermehl wenden. Wenn möglich 1 Stunde ziehen lassen.
■ In der Bratpfanne beidseitig langsam anbraten. Wenn die Füllung anfängt zu schmelzen, sofort servieren.

Tipps
■ Schon am Vortag vorbereiten und erst kurz vor dem Essen braten.
■ Oder man verdoppelt die Rezeptmenge und gefriert einen Teil davon als Vorrat ein. Die gefrorenen Cordons bleus direkt in der Bratpfanne auftauen lassen.

Vegetarisches Gourmetgericht

15 g getrocknete Shiitakepilze
100 g reiner wilder Reis
400 ml Wasser
1 Prise Meersalz
1 TL geröstetes Sesamöl (siehe Tipp Seite 16)
ca. 2 EL Maiskeim- oder Sesamöl
1 Knoblauchzehe, durchgepresst
200 g Tofu, in Blättchen
2 EL Sojasauce
Saft von ½ Zitrone
1 EL frischer Ingwersaft (Tipp Seite 16)
100 g Champignons, in Blättchen geschnitten
Kräutersalz, Cayennepfeffer

■ Die Shiitakepilze in Wasser einweichen. Reis und Wasser zum Kochen bringen, salzen und 15 Minuten köcheln lassen. Vom Herd nehmen und 15–30 Minuten zugedeckt quellen lassen, bis alles Wasser aufgesogen ist.
■ In einer grossen Bratpfanne die Öle erwärmen. Knoblauch und Tofu hineingeben. Bei mittlerer bis kleiner Hitze braten, bis die Tofublättchen gelbe Ränder bekommen. Aus der Pfanne nehmen, mit Sojasauce, Zitronen- und Ingwersaft beträufeln. Mischen.
■ Die Shiitakepilze aus dem Wasser nehmen, die holzigen Stengel entfernen und die Schirme in feine Streifen schneiden.
■ Nochmals etwas Öl in die Pfanne geben und die Champignons anbraten. Die Shiitakepilze zugeben und ebenfalls etwas anbraten. Salz und Cayennepfeffer, den Tofu samt Marinade und den gequollenen Reis beifügen. Gut mischen.
■ Zudecken, vom Herd nehmen und noch einige Minuten ziehen lassen.

Currytofu im Reisring

50 g Butter
250 g Tofu, in feine Streifen oder Würfel geschnitten
1 TL Meersalz
2 EL Zitronensaft
1 EL Currypulver
1 Zwiebel, fein gehackt
50 g Brazilnüsse, grob gehackt, oder Cashewkerne
2 säuerliche Äpfel, in kleine Stücke geschnitten
2–3 EL Rosinen
300 ml Milch
3 EL Rahm
4 Portionen gekochter Vollreis
frische Früchte, in Scheiben geschnitten, zum Garnieren

■ Die Hälfte der Butter in der Bratpfanne erwärmen und den Tofu hineingeben. Bei kleiner Hitze die Stücke anbraten, bis sie gelbe Ränder bekommen. In eine Schale geben und mit Zitronensaft und Meersalz vermischen.
■ Die restliche Butter in der Pfanne erwärmen, Currypulver und Zwiebel zugeben und andünsten. Nüsse, Äpfel und Rosinen beifügen und rührbraten, bis die Äpfel zerfallen und zu Mus zerkochen (10–15 Minuten).
■ Mit der Milch ablöschen, aufkochen und die Tofustücke dazugeben. Vom Herd nehmen und mit dem Rahm verfeinern.
■ Den Currytofu ein paar Minuten zugedeckt ziehen lassen. Mit Reis und Scheiben von frischen Früchten servieren.

Tipp

Den Currytofu im Reisring servieren oder mit einem grossen Glaceportionierer auf jeden Teller eine Reiskugel setzen und den Tofu darum herum anrichten. Die Früchte auf den Tellerrand legen.

Tofugeschnetzeltes nach Zürcherart

Butter oder Öl
1 Zwiebel, fein gehackt
400 g Tofu, in Blättchen geschnitten
1 EL Mehl
ca. 1/4 l Gemüsebrühe
Pfeffer, Meersalz
1 Prise Curry
2–3 EL Weisswein
2–3 EL Rahm

■ Das Fett in der Bratpfanne erwärmen. Die Zwiebel glasig braten. Die Tofublättchen hineingeben und bei mässiger Hitze braten, bis sie leicht angebräunt sind.
■ Mit dem Mehl bestreuen und wenden, bis alle Stücke damit überzogen sind. Mit der Gemüsebrühe ablöschen, würzen und köcheln lassen, bis die Sauce eindickt.
■ Den Weisswein dazugeben, abschmecken und mit dem Rahm verfeinern.
■ Passt zu Rösti, Teigwaren oder Getreide.

Variante

Besonders fein schmeckt dieses Gericht, wenn der Tofu vor dem Braten mariniert wird (siehe Seite 16).

Inari Sushi

Diese japanischen Leckerbissen kommen auch bei uns gut an. Inari Sushi (gefüllte Tofutaschen) eignen sich als Hors d'œuvre, als Häppchen zwischendurch oder zusammen mit Suppe und Salat als Hauptmahlzeit.
In Japan sind Sushi beliebtes Picknick und Zwischenverpflegung.

Für 4 Portionen als Hauptgericht oder
8 bis 12 Portionen als Vorspeise

600 g Tofu
Frittieröl

Brühe:
½ l Wasser
5 EL Sojasauce
2 EL Reiswein oder Sherry
1 EL Ingwersaft (Tipp Seite 16)

Füllung:
wenig Öl zum Braten
1 Zwiebel, fein gehackt
2 TL Sojasauce
ca. 400 g frisch gekochter Vollreis
(ungekocht 200 g)
4 EL Gewürzgurken, fein gehackt
Petersilie zum Garnieren

■ Den Tofu in möglichst grosse Quadrate von etwa 1 cm Dicke schneiden. Gut abtupfen und im Öl goldbraun frittieren.
■ Für die Brühe das Wasser mit den Zutaten in einen Topf geben, den frittierten Tofu hineingeben und aufkochen. Die Hitze ausschalten und alles 15 Minuten ziehen lassen. Die Tofustücke herausnehmen und gut abtropfen lassen.
■ Für die Füllung die Zwiebel glasig braten und mit 1 Esslöffel Kochsud und der Sojasauce ablöschen. Köcheln lassen, bis alle Flüssigkeit verdunstet ist.
■ Alle Zutaten für die Füllung in einer Schüssel vermischen.
■ Die Tofuquadrate diagonal durchschneiden, so dass 2 Dreiecke entstehen. In diese eine Tasche einschneiden, so dass sie gefüllt werden können.
■ Mit feuchten Händen (klebt weniger!) die Reismischung in die Tofutaschen pressen. Mit Petersilie garniert warm oder kalt servieren.

Tipp
Die Brühe nicht wegschütten. Sie ergibt mit einer Einlage eine schmackhafte Suppe.

Inari Sushi ▶

Tofu nach Schweizerart

Butter
2 Karotten, in Scheiben geschnitten
3–4 Stangen Lauch, in feine Streifen geschnitten
250 g Tofu, in kleine Würfel geschnitten
1 TL Meersalz
Pfeffer aus der Mühle
¼ l Milch
6–8 EL frisch geriebener Emmentaler

■ In einer grossen Bratpfanne die Butter erwärmen und das Gemüse darin sautieren, bis es zusammenfällt.
■ Auf die Seite schieben oder herausnehmen, die Tofuwürfel hineingeben und einige Minuten anbraten. Würzen und alles mischen.
■ Mit der Milch ablöschen, zudecken und 5 Minuten bei kleiner Hitze köcheln lassen. Den Emmentaler darüber streuen und zugedeckt weiterköcheln lassen, bis der Käse geschmolzen ist.
■ Passt besonders gut zu Kartoffeln.

Varianten

Dieses Rezept eignet sich auch für andere Gemüsekombinationen, zum Beispiel Zwiebeln mit Zucchini, Broccoli mit Kartoffeln, Sellerie oder Rettich mit Kohl.

◄ *Tofu nach Schweizerart*

Frühlingsrollen

200 g Tofu, in sehr kleine Würfel geschnitten
3 EL Sojasauce
½ EL Reiswein oder Sherry
1 EL Sesamöl
1 Knoblauchzehe, durchgepresst
1 TL Ingwer, an der Zitronenraffel gerieben
100 g Mung- oder Sojabohnensprossen
50 g Chinakohl, in sehr dünne Streifen geschnitten
150 g Karotten, in dünne Stäbchen geschnitten
50 g Sellerie, in dünne Stäbchen geschnitten
3 Frühlingszwiebeln oder Schalotten, fein geschnitten
1 Prise Chilipulver
½ TL geröstetes Sesamöl (siehe Tipp Seite 16)
1 Hand voll Glasnudeln

Reisblätter
Öl zum Braten oder Frittieren

■ Den Tofu in Sojasauce und Reiswein 30 Minuten marinieren. Den Tofu abgiessen, die Marinade auffangen.
■ Das Sesamöl in der Bratpfanne oder im Wok erhitzen. Knoblauch und Ingwer dazugeben und einmal wenden. Den Tofu beifügen und 1 Minute rührbraten. Mit der Marinade ablöschen und unter Rühren kochen, bis sie eingekocht ist.
■ Die Gemüse dazugeben und kurz rührbraten. Vom Herd nehmen und mit Chilipulver, geröstetem Sesamöl und Meersalz würzen und abschmecken.

■ Die Glasnudeln mit der Schere in 2 cm lange Stücke schneiden und unter die Füllung mischen.
■ In einer nicht zu kleinen Pfanne etwa 2 l Wasser zum Kochen bringen. Die Reisblätter einzeln hineingeben und 1–2 Minuten weich kochen. Mit der Schaumkelle herausheben und abtropfen lassen.
■ Auf jedes Reisblatt in die Mitte 1½ Esslöffel Füllung geben. Zuerst die Seiten einschlagen, dann die Blätter aufrollen. Weiterfahren, bis die ganze Füllung aufgebraucht ist.
■ Das Öl im Wok oder in der Bratpfanne erhitzen. Die Frühlingsrollen frittieren oder auf jeder Seite 2–3 Minuten goldbraun braten. Sofort servieren, dazu passt Chilisauce (Seite 16).

Tipps
■ Glasnudeln und Reisblätter sind in Asienläden und teilweise auch in gut sortierten Supermärkten erhältlich.
■ Für dieses Rezept werden trockene Reisblätter verwendet. Tiefgekühlte Reisblätter nur auftauen lassen; sie müssen vor dem Einrollen nicht mehr gekocht werden.

Tofu créole

300 g Tofu, in kleine Dreiecke geschnitten
Maiskeimöl
1 Zwiebel, in Halbmonde geschnitten
3 Knoblauchzehen, fein gehackt
2–3 Stangen Sellerie, in Streifen, oder 200 g Knollensellerie, in kleine Würfel geschnitten
2 Peperoni (Paprika), in mundgerechte Stücke geschnitten
3 Tomaten, grob geschnitten
1 Chilischote, fein gehackt, oder
½ TL Chilipulver
¼ TL Koriander
¼ TL Thymian
¼ TL Kreuzkümmel
1 Lorbeerblatt
1 Prise Cayennepfeffer
1 TL Meersalz
½ Bund Petersilie, fein gehackt
2 EL Wasser

■ Die Tofudreiecke mit Küchenpapier abtupfen. Das Öl 1–2 cm tief in eine Bratpfanne geben und erhitzen. Die Tofustücke hineingeben und halb schwimmend frittieren. Auf einem Küchenpapier abtropfen lassen.
■ Das Öl bis auf 1 EL abgiessen. Zwiebel und Knoblauch in die Pfanne geben und glasig braten. Die übrigen Gemüse dazugeben und braten, bis sie zusammenfallen.
■ Die Gewürze, den frittierten Tofu und das Wasser zugeben, die Pfanne zudecken und alles bei kleiner Hitze 10 Minuten schmoren lassen.
■ Abschmecken, vom Herd nehmen, zugedeckt 5–10 Minuten ziehen lassen. Zu Mais, Vollreis oder Vollkornnudeln servieren.

◀ *Tofu créole*

Aubergines orientales

Wenig Öl zum Braten
250 g Tofu, in feine Streifen geschnitten
4 EL Wasser
2 EL Sojasauce
2 grosse Auberginen, in Scheiben geschnitten
1 EL frischer Ingwersaft (Tipp Seite 16)
2 Knoblauchzehen, durchgepresst
½ TL Sambal Oelek
wenig Meersalz

- Das Öl in der Bratpfanne erwärmen, den Tofu hineingeben und bei mässiger Hitze anbräunen. Mit dem Wasser und der Sojasauce ablöschen. Köcheln lassen, bis alle Flüssigkeit verdunstet ist.
- Den Tofu aus der Pfanne nehmen.
- Die Pfanne mit Küchenpapier ausreiben und nochmals etwas Öl hineingeben. Die Auberginen darin rührbraten, bis sie zusammenfallen. Mit 1 Tasse Wasser ablöschen und die Gewürze beigeben.
- Den Tofu darunter heben und anrichten.
- Passt zu Teigwaren, Reis, Hirse, Couscous.

Zucchini mit Tofu

Eine Abwandlung der Aubergines orientales: Anstelle von Auberginen verwenden wir:

4 kleinere Zucchini, in Scheiben geschnitten

und anstelle von Ingwer und Cayennepfeffer:

1 TL Thymian
Pfeffer aus der Mühle

- Die übrigen Zutaten und die Zubereitung sind gleich wie für Aubergines orientales.

Orientalisches Gemüseallerlei

Wie Aubergines orientales zubereiten, aber mit anderem Gemüse. Anstelle von Auberginen verwenden wir:

1 Karotte, in Juliennestäbchen geschnitten
150 g Broccoli, in kleinen Röschen
150 g grüne Bohnen oder frische Erbsen
4 Champignons, halbiert
100 g Sojasprossen

- Die übrigen Zutaten und die Zubereitung sind gleich wie für Aubergines orientales.

Aubergines orientales ▶

In einen Topf geworfen

In Eintopfgerichten liegen die Tofustücke mindestens zur Hälfte in einer würzigen Brühe oder Sauce. Sie können, müssen aber nicht zuerst angebraten oder frittiert werden. Dann lassen wir sie unter einem gut schliessenden Deckel auf kleinem Feuer mindestens 15 Minuten schmoren, damit sie den Geschmack der Brühe aufnehmen können.
Eintopfgerichte eignen sich gut für eine grosse Schar von Essern. Sie sind einfach in der Zubereitung und schmecken, in grossen Mengen gekocht, noch besser. Wenn Reste bleiben, sehen diese am nächsten Tag zwar nicht mehr so frisch aus, schmecken aber unübertrefflich.

Matar Panir Pullao

Panir ist ein indischer Frischkäse, der unserem Ziger (Zieger) gleicht. Er ist in Aussehen und Geschmack dem Tofu ähnlich.

300 g Vollreis
¾ l Wasser
25 g Butter
½ Zwiebel, fein gehackt
250 g Tofu, in kleine Würfel geschnitten
Meersalz
1 TL Kreuzkümmel
¼ TL schwarzer Pfeffer
1 Prise Nelkenpulver
1 grüne Chilischote, fein gehackt
2 grosse Kartoffeln, in Scheiben geschnitten
200 g Erbsen, enthülst
ca. 1 TL Würzextrakt
½ TL Kurkuma (Gelbwurz)
1 TL Curry
1 Zimtstange
¼ TL Kardamom

1–2 gekochte Eier, in Scheiben geschnitten
1–2 Tomaten, in Scheiben geschnitten
Korianderblätter oder glatte Petersilie

■ Den Reis waschen und in einem grossen, dickwandigen Topf zum Kochen bringen. Zugedeckt 20 Minuten köcheln lassen.
■ Inzwischen die Butter in einer Bratpfanne erwärmen und die Zwiebel darin glasig braten. Den Tofu beifügen und kurz mitbraten. Mit 1½ TL Meersalz, Kreuzkümmel, Pfeffer, Nelkenpulver und Pfefferschote würzen.
■ Die Kartoffeln und Erbsen dazugeben. Zudecken und vom Herd nehmen.

■ Wenn der Reis 20 Minuten gekocht hat, mit Meersalz, Würzextrakt, Kurkuma, Curry, Zimtstange und Kardamom würzen.

■ Die Tofu-Gemüse-Mischung dazugeben. Eier- und Tomatenscheiben über den Reis verteilen. Gut zudecken und köcheln lassen, bis der Reis gar ist (15–20 Minuten).

■ Mit frischen Korianderblättern bestreuen. Dazu Raita servieren.

Raita

Joghurt auf indische Art. Raita passt zu allen scharfen Currygerichten.

2 Becher Joghurt nature

1 Prise Kräutersalz
1 EL frische Pfefferminzblätter, fein gehackt
150 g Salatgurke

■ Joghurt und Gewürze verrühren. Die Gurke auf der Sellerieraffel dazureiben, mischen und sofort servieren.

Kohlrabi-Kartoffel-Eintopf

500 g Kohlrabi
500 g Kartoffeln, geschält
250 g Tofu
¾ l Wasser
1 TL Meersalz
1 Lorbeerblatt
¼ TL Kümmel
2 TL Würzextrakt
3 EL Mehl
100 ml Rahm oder Milch

■ Kohlrabi, Kartoffeln und Tofu in mundgerechte Stücke schneiden.

■ In einem dickwandigen Topf das Wasser zum Kochen bringen. Alle Zutaten ausser dem Mehl und dem Rahm hineingeben und zugedeckt köcheln lassen, bis das Gemüse fast gar ist.

■ Mehl und Rahm verrühren und zum Gemüse geben. 5 Minuten mitkochen.

■ Vor dem Servieren den Eintopf zugedeckt nochmals 5–10 Minuten ziehen lassen.

Varianten

Anstelle von Kohlrabi können Wurzelgemüse, zum Beispiel Sellerie oder Karotten, verwendet werden.

Geschmorter Tofu

250 g Tofu, in mundgerechte Stücke geschnitten
Mehl
4 EL Olivenöl
1 Zwiebel, fein gehackt
1 Knoblauchzehe, fein gehackt
300 g Zucchini, in dicke Scheiben geschnitten
100 g frische Champignons, geviertelt
300 ml Gemüsebrühe
100 ml Rotwein
¼ TL Oregano
1 Zweiglein Rosmarin
Pfeffer, Meersalz

■ Den Tofu abtupfen und in Mehl wenden. In einem dickwandigen Topf das Olivenöl erwärmen, Zwiebel und Knoblauch darin andünsten. Den Tofu dazugeben und kurz anbraten.

■ Zucchini und Champignons beifügen und einige Minuten mitbraten. Mit einem Teil der Gemüsebrühe ablöschen und würzen.

■ Zugedeckt 30 Minuten schmoren lassen, dabei nach und nach die restliche Brühe und den Wein zugiessen.

■ Passt zu Polenta oder zu Vollreis, mit wildem Reis vermischt.

Tofugulasch

Variante 1

¾ l kräftige Gemüsebrühe
300 g Tofu, in mundgerechte Würfel geschnitten
1 grosse Zwiebel, gehackt
2 Knoblauchzehen, fein gehackt
Butter oder Öl
3–4 Tomaten, gewürfelt, oder eine kleine Dose Tomaten (Pelati)
2 EL Tomatenpüree
1 TL Paprika, edelsüss
1 TL Paprika, scharf
1 TL Salbei
1 TL Basilikum
¼ TL Korianderpulver
1 Prise Cayennepfeffer
100 ml Rotwein
750 g Kartoffeln, in mundgerechte Stücke geschnitten

■ In einem grossen, dickwandigen Topf den Tofu in der Gemüsebrühe zum Kochen bringen und etwa 15 Minuten köcheln lassen.

■ Inzwischen Zwiebel und Knoblauch in Butter oder Öl andünsten. Die Tomaten und Gewürze beigeben und die Sauce etwa 10 Minuten eindicken lassen. Den Rotwein beifügen und die Sauce weiter köcheln lassen.

■ Die Kartoffeln zum Tofu in die Gemüsebrühe geben. Diese nochmals aufkochen und die Tomatensauce einrühren.

■ Alles zugedeckt köcheln lassen, bis die Kartoffeln gar sind. Vor dem Servieren das Gulasch nochmals 10–15 Minuten zugedeckt ziehen lassen.

Tofugulasch ▶

Tofugulasch

Variante 2

500 g Tofu, in 2 cm grosse Würfel geschnitten
Butter oder Öl
500 g Zwiebeln, in Streifen geschnitten
½ l Gemüsebrühe
1–2 EL Paprika, edelsüss
500 g Kartoffeln, geviertelt oder geachtelt
2 Knoblauchzehen, durchgepresst
½ TL Kümmel, zerstossen
Pfeffer und Cayennepfeffer

■ In einem grossen Topf den Tofu in Butter oder Öl anbraten, bis er braune Ränder bekommt. Herausnehmen und im selben Topf die Zwiebeln andünsten, bis sie zusammenfallen.

■ Den Tofu zurück in den Topf geben und alles mit der Gemüsebrühe ablöschen. Zugedeckt ½ Stunde köcheln lassen.

■ Kartoffeln, Knoblauch und Gewürze dazugeben und alles weiterkochen, bis die Kartoffeln gar sind (nochmals etwa ½ Stunde).

Chinakohl und Tofu an süsssaurer Sauce

300 ml Gemüsebrühe
½ TL Essig
2 EL Sojasauce
2 TL Honig
1 EL frischer Ingwersaft (Tipp Seite 16)
3 Knoblauchzehen, durchgepresst
1 Prise Cayennepfeffer
½ TL Sambal Oelek, nach Belieben
wenig Öl zum Braten
300 g Tofu, in kleine Würfel geschnitten und abgetupft
1 mittelgrosser Chinakohl, in breite Streifen geschnitten
1 EL Speisestärke oder Marantamehl

■ Die Gemüsebrühe mit den Gewürzen zum Kochen bringen.

■ Inzwischen den Tofu in wenig Öl in der Bratpfanne anbraten, bis er braune Ränder bekommt, dann in die Brühe geben.

■ Nochmals etwas Öl in die Bratpfanne geben und den Chinakohl rührbraten, bis er zusammenfällt. Ebenfalls in die Brühe geben und zugedeckt 3–5 Minuten köcheln lassen.

■ Die Speisestärke in wenig Wasser anrühren und unter Rühren zur Brühe geben. Köcheln lassen, bis sie eindickt.

■ Zu Vollkornnudeln oder Vollreis servieren.

Chinakohl und Tofu an süsssaurer Sauce ▶

Lageneintopf mit Grünkern

Für 6 Portionen

2 Karotten
2 Stangen Lauch
2 Fenchelknollen
400 g Tofu
400 g Grünkernschrot
½ TL Basilikum
½ TL Thymian
1 TL Meersalz
Sojasauce oder Hefewürze nach Geschmack

■ Die Gemüse und den Tofu in mundgerechte Stücke schneiden und in einen dickwandigen Topf schichten, zuerst die Karotten, dann den Lauch, den Fenchel und zuletzt den Tofu.
■ Den Grünkern darüber verteilen und Wasser dazugiessen, bis alle Zutaten bedeckt sind.
■ Zum Kochen bringen, Kräuter und Meersalz zugeben und zudecken. Bei kleinster Hitze 30 Minuten garen lassen.
■ Abschmecken und als einfache Mahlzeit servieren.

Pot-au-feu

2 l Gemüsebrühe oder Bouillon
2 Knoblauchzehen, durchgepresst
¼ TL Thymian
¼ TL Liebstöckel
1 Prise Majoran
1 Lorbeerblatt
400 g Tofu, in grosse Würfel geschnitten
Butter
4 Karotten
½ Sellerie oder Rettich
4 Stangen Lauch
½ Wirsing oder Kohl
4 grosse Kartoffeln
4 Gewürznelken
Sojasauce
Butterflocken
Petersilie

■ In einem grossen, schweren Topf die Gemüsebrühe mit den Kräutern zum Kochen bringen.
■ Inzwischen den Tofu in Butter etwas anbräunen und in die Brühe geben.
■ Die Gemüse in sehr grosse Stücke schneiden. Die Kartoffeln in grosse Stücke schneiden oder ganz lassen und mit den Gewürznelken spicken.
■ Alles nebeneinander in die Brühe legen. Zugedeckt 1 Stunde schmoren lassen.
■ Am Schluss mit Sojasauce abschmecken.
■ Zum Servieren nach Belieben Butterflocken und gehackte Kräuter über den Pot-au-feu streuen.

Pot-au-feu ▶

Mangold an Weisser Sauce mit Tofuwürfeln

1 Rezeptmenge Weisse Sauce (Seite 26)
Estragon
Weisswein
250 g Tofu, in 1 cm grosse Würfel geschnitten
8 grosse Mangoldblätter

- Eine kräftige Weisse Sauce, mit Estragon und Weisswein gewürzt, zubereiten.
- Die Tofuwürfel hineingeben und 15 Minuten köcheln lassen.
- Inzwischen das grüne Blattwerk von den Mangoldstielen trennen und fein schneiden (wenn es sehr üppig ist, nicht alles verwenden). Die Stiele in 10 cm lange Stäbchen schneiden. Stiele und Grünes getrennt nebeneinander in den Dampfeinsatz legen und 10 Minuten dämpfen.
- Die gedämpften Stiele auf einer vorgewärmten Platte anrichten.
- Das Blattwerk unter die Sauce mischen. Abschmecken und über die Mangoldstiele anrichten. Sofort servieren zu Nudeln oder Kartoffeln.

Papet Vaudois

Dieses Rezept schmeckt am besten mit geräuchertem Tofu. So genannter Räuchertofu ist pfannenfertig im Handel erhältlich.

Butter oder Öl
750 g Lauch, in breite Streifen geschnitten
750 g Kartoffeln, in grobe Würfel geschnitten
200 ml Weisswein
200 ml Gemüsebouillon
Majoran, Thymian, Muskat, Pfeffer
Meersalz
1 Päckchen Räuchertofu (ca. 200 g)

- In einem grossen Topf Butter oder Öl erhitzen. Den Lauch beigeben und sautieren, bis er zusammenfällt. Die Kartoffeln zugeben und kurz mitbraten.
- Mit Weisswein und Bouillon ablöschen, nach Geschmack würzen und zugedeckt 20 bis 30 Minuten schmoren, bis die Kartoffeln sehr weich sind.
- Den Räuchertofu in kleine Würfel schneiden. In Butter oder Öl kurz anbraten. Warm halten.
- Das Gemüse abschmecken, auf vorgewärmte Teller anrichten, die Tofuwürfel darüber streune. Am Tisch Essig oder Balsamicoessig und, wenn gewünscht Kürbisöl darüber träufeln.

Variante

Das Gemüse am Schluss mit 100 bis 200 ml Rahm verfeinern.

Yudofu

Japanisches Tofufondue – ein Fondue ohne Fett- und Cholesterin!

400 g Tofu
1 Chinakohl
6–8 Stangen Lauch
300 g Spinatblätter
8–12 Champignons
1 weisser Rettich
100 ml Sojasauce
2 EL Sherry oder 1 EL frischer Ingwersaft (Tipp Seite 16)
2 l Gemüsebrühe
Zitronenschnitze

- Den Tofu und das Gemüse in grosse Stücke schneiden und auf einer Platte anordnen.
- Die Sojasauce mit Sherry oder Ingwer verrühren und in kleine Schälchen verteilen.
- Das Rechaud und alle Zutaten auf dem Tisch bereitstellen.
- Die Brühe erhitzen und siedend heiss auf das Rechaud stellen.
- Man gibt Tofu und Gemüse portionenweise in die Brühe und lässt sie ein paar Minuten köcheln (zu Beginn dauert es etwas länger.) Jeder Gast bedient sich selbst, wenn möglich mit Essstäbchen.
- Die Sauce in den Schälchen ist zum Tunken da, die Zitronenschnitze zum Beträufeln der gekochten Stücke. Dazu isst man Vollreis.
- Am Schluss wird die Brühe als Suppe gegessen.

Varianten

- Je nach Jahreszeit andere Gemüse verwenden.
- Die Tofuwürfel oder einen Teil davon vorher frittieren.
- Zum individuellen Nachwürzen Chilisauce (Seite 30) servieren.

Gemüsebouillon mit Tofutriangeln

Für 2 Portionen

100 g Tofu
½ l Bouillon oder Gemüsebrühe
200 g verschiedene Gemüse nach Saison (z. B. Karotten, Lauch, Zucchini, Pilze)
1 EL Sherry
frisch gemahlener Pfeffer
Sojasauce zum Abschmecken

- Den Tofu in kleine Dreiecke schneiden und in der Bouillon zum Kochen bringen. 5 Minuten köcheln lassen.
- Die Gemüse sehr klein schneiden oder auf der Sellerieraffel in Stäbchen reiben. Ebenfalls in die Bouillon geben. Weitere 5 Minuten köcheln lassen.
- Würzen, einige Minuten zugedeckt ziehen lassen und auftragen.

Der Tofu, der aus dem Ofen kommt

Backen und Grillieren von Tofu ist besonders vorteilhaft für eine fettarme Küche, da er ohne zusätzliches Fett oder Öl zubereitet werden kann. Und so kommt er in den Ofen:
– In Scheiben, Würfel oder Stäbchen geschnitten: Die Stücke vorher marinieren (Seite 16), während dem Backen oder Grillieren mit einer Sauce bestreichen oder in einer Sauce braten. Die Backzeit beträgt je nach Grösse der Stücke und nach gewünschter Kruste 20 bis 40 Minuten.
– Mit anderen Zutaten zu einer Masse verarbeitet: Den Tofu mit einer Gabel zerdrücken oder zerbröckeln und Gemüse, Früchte, Nüsse, Gewürze usw. dazumischen. Als Terrine, als «Braten» oder als Füllung verwenden.

Timbales

300 g Tofu
150 g Vollmilchquark
1 Ei
2 EL Zitronensaft
1 Prise Muskat
3–4 EL frische Kräuter, fein gehackt
einige Tropfen Sojasauce
1 TL Meersalz
1 EL Speisestärke oder Marantamehl

■ Den Tofu in eine Schüssel geben und mit einer Gabel gründlich zerdrücken.
■ Die übrigen Zutaten beifügen, mischen und in 4 Timbaleförmchen füllen.
■ In eine Backform stellen und diese mit Wasser füllen, bis die Förmchen zu einem Drittel der Höhe im Wasser stehen.
■ Im vorgeheizten Backofen bei 220 Grad 30 Minuten backen.
■ Die fertig gebackenen Köpfchen mit einem Messer vom Rand lösen und stürzen.
■ Nach Wunsch mit einem Hauch Paprika und mit Kräuterblättern garnieren und warm oder kalt servieren.

Tipps
■ Wenn keine Timbaleförmchen vorhanden sind, 4 Kaffeetassen oder Puddingförmchen nehmen und mit Alufolie verschliessen. (Die Alufolie kann mehrere Male verwendet werden.)
■ Die Timbales können auch auf der Herdplatte in einem gut verschlossenen Topf im Wasserbad gegart werden. Im Ofen gegart, schmecken sie aber kräftiger.
■ Vor dem Füllen der Förmchen ein fächer-

förmig geschnittenes Gewürzgürkchen oder anderes dekoratives Gemüse auf den Boden legen.

Tofu vom Grill

... oder bei schlechtem Wetter aus dem Ofen.

400 g Tofu
1½ EL Senf
2 EL Öl
Pfeffer und Salz nach Geschmack
1 Knoblauchzehe, durchgepresst
frische Kräuter, fein gehackt, oder getrocknete Kräuter nach Wahl

■ Den Tofu in dicke Stäbchen schneiden, abtupfen und mit einer Gabel die Oberfläche leicht einritzen. Die übrigen Zutaten verrühren und den Tofu damit bestreichen.

■ Etwas ziehen lassen, dann auf dem Grill oder im heissen Ofen etwa 20 Minuten rundherum braun braten. Von Zeit zu Zeit mit der Senfsauce bestreichen.

Tofu nach Matrosenart

400 g Tofu, in Scheiben geschnitten
40 g Butter
2 EL Mehl
2 Zwiebeln, fein gehackt
300 ml Milch
100 ml Rotwein
1 Lorbeerblatt
2 Gewürznelken
1 Zweiglein Thymian
Meersalz, Pfeffer
Sesamsamen, nach Belieben

■ Die Hälfte der Butter in einer Saucenpfanne erwärmen und das Mehl darin leicht anrösten.

■ Die Zwiebeln und die restliche Butter zugeben und zugedeckt 7 Minuten bei kleinster Hitze schmoren lassen.

■ Die Milch einrühren und aufkochen. Rotwein und Gewürze beifügen und die Sauce ein paar Minuten eindicken lassen.

■ Inzwischen die Tofuscheiben schuppenartig in eine Gratinform legen. Die Sauce darüber verteilen und nach Belieben mit Sesam bestreuen. Im Backofen bei 220 Grad 20 Minuten überbacken.

■ Dazu passen ein Körnergericht, zum Beispiel Dinkel oder Gerste, und ein grüner Salat.

Makkaroniauflauf

2 EL Olivenöl
2 EL Weisswein
1 Knoblauchzehe, durchgepresst
1 TL Meersalz
¼ TL Oregano
Pfeffer aus der Mühle
250 g Tofu, in kleine Würfel geschnitten
2 l Salzwasser
300 g Makkaroni (Röhrennudeln)
1 TL Olivenöl
1 Zwiebel, fein gehackt
1 Peperoni (Paprika), in feine Streifen geschnitten
1 Zucchini oder ½ Gurke, in kleine Würfel geschnitten
2–3 Tomaten, in Scheiben geschnitten

■ Olivenöl, Weisswein, Knoblauch und die Gewürze in einer Schüssel verrühren und den Tofu hineingeben. Marinieren lassen und von Zeit zu Zeit wenden.
■ Inzwischen die Makkaroni im Salzwasser knapp gar kochen.
■ Die Zwiebel, Peperoni und Zucchini in wenig Olivenöl glasig braten.
■ Die Hälfte der Makkaroni mit einer Lochkelle aus dem Wasser heben und tropfnass in eine eingefettete Auflaufform geben.
■ Zucchini, Peperoni und ein Drittel des Tofus darüber verteilen. Die restlichen Makkaroni darauf geben. Mit den Tomatenscheiben bedecken. Den restlichen Tofu mit der Sauce darüber verteilen.
■ Im Backofen bei 220 Grad 20–30 Minuten überbacken.

Variante mit Käse
Vor dem Backen 50–100 g geriebenen Käse über die Tofuwürfel streuen.

Waadtländer Tofuschmortopf

Marinade:
400 ml Weisswein
1 TL Meersalz
1 Knoblauchzehe, durchgepresst
1 Prise Estragon
Pfeffer aus der Mühle

250 g Tofu, in Streifen geschnitten
1 EL Butter oder Öl
1 grosse Zwiebel, gehackt
750 g Kartoffeln, in grosse Würfel geschnitten
250 g Greyerzer, grob gerieben
1 Bund Petersilie, fein gehackt

■ Die Tofustreifen in der Marinade mindestens ½ Stunde ziehen lassen, dann herausnehmen, abtropfen lassen und die Marinade beiseite stellen.
■ In einem schweren Topf mit gut schliessendem Deckel die Zwiebel glasig braten, und wieder herausnehmen. Kartoffelwürfel, Tofustreifen, Zwiebel, Greyerzer und Petersilie lagenweise in den Topf schichten. Mit einer Lage Käse abschliessen.
■ Alles mit der Marinade übergiessen und im gut verschlossenen Topf im vorgeheizten Backofen bei 220 Grad gut 1 Stunde schmoren lassen. Der Deckel darf während der Schmorzeit nicht geöffnet werden.
Ergibt mit einem Saisonsalat eine vollwertige Mahlzeit.

Makkaroniauflauf ▶

Tofu mit Chicorée an Joghurtsauce

1 EL Senf
1 EL Sojasauce
500 g Tofu, in Scheiben geschnitten
100 ml Wasser
6 Chicoréesprossen, der Länge nach halbiert
Würzextrakt oder Hefewürze
350 ml Joghurt nature
25 g Butter
150 g Champignons, in Blättchen geschnitten

■ Senf und Sojasauce vermischen. Die Tofuscheiben damit bestreichen und aufeinander legen.

■ In einer weiten Pfanne das Wasser zum Kochen bringen und die Chicoréehälften hineinlegen. Zugedeckt köcheln lassen, bis sie zusammenfallen (etwa 5 Minuten). In eine Gratinform legen, die Spitzen nach aussen gerichtet.

■ Die Tofuscheiben schuppenartig danebenlegen. Die in der Pfanne verbliebene Flüssigkeit würzen und nochmals aufkochen. Vom Herd nehmen und in eine Schüssel giessen. Mit dem Schneebesen den Joghurt dazurühren.

■ Die Butter in der Pfanne erwärmen und die Pilze darin dünsten, bis sie zusammenfallen.

■ Die Joghurtsauce und die Pilze über Tofu und Chicorée verteilen. Im Backofen bei 225 Grad 15 Minuten überbacken.

■ Ergibt zusammen mit einem Getreide- oder Kartoffelgericht einen eleganten Hauptgang.

Manicotti (Gefüllte Tofurollen)

Teig:
300 g Vollkornmehl, frisch gemahlen
1 EL Speisestärke
1 TL Meersalz
¼ l Wasser

Füllung:
600 g Tofu, in kleine Stücke gebrochen
2 Messerspitzen Muskat
1 TL Meersalz
Pfeffer aus der Mühle
500 g Spinat

Sauce:
2 EL Olivenöl
2 Zwiebeln, fein gehackt
2 Knoblauchzehen, fein gehackt
¼ l Wasser oder von der Spinatfüllung ausgetretene Flüssigkeit
4 EL Tomatenpüree
6 EL Rotwein
Hefewürze oder Würzpaste
½ TL Oregano
½ TL Basilikum

100 g geriebener Parmesan oder Sbrinz

■ Die Zutaten für den Teig in eine Schüssel geben und mit einer Holzkelle einige Minuten schlagen. Mindestens ½ Stunde kühl stellen. Daraus möglichst dünne, untertassengrosse Pfannkuchen (Crêpes) backen.

■ Für die Füllung Tofu und Gewürze in eine grosse Schüssel geben und mit einer Gabel zerstossen.

Tofu mit Chicorée an Joghurtsauce ▶

■ Den Spinat waschen und tropfnass in einen Topf geben. 3–4 Minuten dämpfen, bis er zusammenfällt. Mit dem Stabmixer oder durchs Passiersieb grob pürieren.
■ Zum Tofu geben und gut mischen. Wenn die Füllung Saft zieht, diesen zurückbehalten und für die Sauce verwenden.
■ Die Pfannkuchen mit der Spinatmasse füllen und einrollen. Die Rollen nebeneinander in eine eingefettete Gratinform legen.
■ Für die Sauce das Olivenöl in der Bratpfanne erwärmen. Zwiebeln und Knoblauch darin glasig braten. Die übrigen Zutaten beifügen, aufkochen und alles gut verrühren.
■ Über die Rollen verteilen. Mit dem Käse bestreuen und im Backofen bei 220 Grad 15 Minuten überbacken.

Couscous-Tofu-Pastete

Für 8 Portionen

150 ml Gemüsebouillon
100 g Vollkorncouscous
1 Zwiebel, sehr fein geschnitten
100 g Champignons, fein geschnitten
300 g Tofu
1 Ei
100 g Mandeln, grob gemahlen oder gehackt
1 Knoblauchzehe, durchgepresst
1 TL Dill
½ TL Oregano
1 Prise Rosmarin
½ TL Koriander
Kräutersalz, Pfeffer aus der Mühle
Sesamsamen

■ Die Bouillon zum Kochen bringen und den Couscous einlaufen lassen. Umrühren und sofort vom Herd nehmen. Zugedeckt 15 Minuten quellen lassen.
■ Alle Zutaten, ausser dem Sesam, in eine grosse Schüssel geben und zu einer gleichmässigen Masse verkneten.
■ Eine Cake- oder Terrinenform einfetten und mit dem Sesam ausstreuen. Die Couscousmasse einfüllen und mit Sesam bestreuen. Mit Deckel oder Alufolie zudecken.
■ Im Backofen bei 200 Grad 15 Minuten backen. Den Deckel entfernen und nochmals 15–20 Minuten fertig backen. Aus der Form nehmen.
■ Diese Pastete kann warm oder kalt genossen werden. Besonders gut passen Joghurt nature und/oder Chilisauce (Seite 30) dazu.

Couscous-Tofu-Pastete ▶

Couscous-Tofu-Burger

Für 8 Portionen

■ Die Tofumasse gleich zubereiten wie für die Couscous-Tofu-Pastete.
■ Aus der Masse etwa 12 Burger formen, in Sesam wenden und im Backofen bei 200 Grad 15–20 Minuten backen.

Gemüse-Tofu-Terrine im Lattichblatt

Eine leichte Terrine, die sich in den feinsten Küchen sehen (und schmecken!) lassen kann.

Für 8 Personen als Vorspeise, für 4 als Hauptgericht

10–12 schöne grosse Lattichblätter
1 l Gemüsebrühe
300 g schöne, nicht zu dicke Karotten
250 g grüne Bohnen oder grüne Peperoni (Paprika)
600 g Tofu
je ¼ TL Basilikum und Thymian
Meersalz
2 EL Olivenöl oder 4 EL Rahm
Pfeffer aus der Mühle

Sauce:
1 EL Speisestärke oder Marantamehl
300 ml Gemüsebrühe vom Gemüsekochen
einige Tropfen Zitronensaft
2–3 EL Rahm
etwas vom blanchierten Gemüse, ganz klein geschnitten, als Garnitur

■ Die Lattichblätter in der Brühe blanchieren, herausnehmen und die Rippen flach drücken. Eine Terrinen- oder Cakeform so damit auslegen, dass die Blätter über den Rand hinaushängen.
■ Die Karotten der Länge nach halbieren. Zusammen mit den Bohnen 10 Minuten (Peperoni 5 Minuten) in der Brühe weich kochen. Die Gemüse herausheben, kalt abschrecken und trockentupfen (etwas davon für die Garnitur beiseite stellen), die Brühe zurückbehalten.
■ Den Tofu mit einer Gabel zerstossen und würzen.
■ Alles lagenweise in der folgenden Reihenfolge auf die Lattichblätter schichten: Tofu, Karotten, Tofu, Bohnen, Tofu, Karotten, Tofu.
Die Lattichblätter darüber schlagen. Die Form mit dem Deckel oder mit Alufolie zudecken.
■ Auf ein Backblech stellen und dieses mit Wasser füllen. Auf der untersten Rille im Backofen bei 180 Grad 40 Minuten garen.
■ Für die Sauce die Speisestärke in wenig kaltem Wasser anrühren. Zur Brühe geben und unter Rühren mit dem Schneebesen zum Kochen bringen, bis sie eindickt.
Vom Herd nehmen und mit Zitronensaft und Rahm verfeinern.
■ Die Terrine in Scheiben schneiden, mit der Sauce und den Gemüsewürfelchen garniert servieren.

Gemüse-Tofu-Terrine mit Lattichblatt ▶

Pizza mit Tofu

Teig:
20 g Frischhefe
150 ml Wasser
250–300 g Vollkornmehl, frisch gemahlen
¼ TL Meersalz
2 EL Olivenöl

Belag:
200 g Tofu, in kleine Würfel geschnitten
½ TL Meersalz
Olivenöl
2 EL Saft von den Tomaten
2 Knoblauchzehen
Pfeffer aus der Mühle
1 grosse Zwiebel
600 g Tomaten oder Dosentomaten (Pelati), klein geschnitten
Kräutersalz
Oregano
8 schwarze Oliven
75 g Greyerzer, fein gerieben
50 g Parmesan, fein gerieben

■ Die Hefe im Wasser auflösen. Etwa ein Drittel des Mehls dazugeben und gut verrühren. An einem warmen Ort oder im warmen Wasserbad etwa 30 Minuten aufgehen lassen.
■ Inzwischen den Belag zubereiten: Tofu, Meersalz, 1 EL Olivenöl, Tomatensaft, 1 durchgepresste Knoblauchzehe und Pfeffer in ein Schälchen geben, gut mischen und ziehen lassen.
■ Die Zwiebel und die zweite Knoblauchzehe fein hacken und in wenig Olivenöl glasig braten.
■ Die Tomaten beifügen und 15–20 Minuten eindicken lassen. Mit Kräutersalz und Oregano würzen.
■ Für den Teig das restliche Mehl, Meersalz und Olivenöl nach und nach zum Vorteig geben und kneten, bis ein weicher, elastischer Teig entsteht.
■ Ausrollen und ein eingefettetes Kuchenblech damit auslegen. Mit einer Gabel stupfen.
■ Die Tomatensauce auf den Teig streichen. Oliven und Käse darüber verteilen und die Tofuwürfel (mit Saft) daraufgeben.
■ Im vorgeheizten Backofen bei 250 Grad 20 Minuten backen.

Spinatstrudel mit Tofu

Ergibt 2 Strudel, für 6 bis 8 Portionen

1 Rezeptmenge Blitzkuchenteig für Strudel (Seite 70)

2 Knoblauchzehen, durchgepresst
1 Bund frischer Dill, fein gehackt
1 EL frischer Oregano, fein gehackt
1 EL Olivenöl
Hefewürze oder Sojasauce
2 TL Meersalz
400 g Tofu, in grobe Stücke gebrochen
1 kg frischer Spinat

- Den Strudelteig herstellen und ruhen lassen.
- Für die Füllung alle Zutaten ausser dem Spinat in einer Schüssel mischen und ziehen lassen.
- Den Spinat waschen und tropfnass in einen grossen Topf geben. 5 Minuten dämpfen, bis er zusammenfällt. Unter den Tofu mischen.
- Den Teig halbieren, je zu einem grossen Rechteck auswallen und auf Backpapier legen. Jeweils die Hälfte der Füllung in der Mitte verteilen. Die Seiten darüber schlagen.
- Den Strudel mit der Folie anheben und auf das Blech gleiten lassen. Stupfen. Mit der zweiten Hälfte des Teiges ebenso verfahren.
- Die Strudel im Backofen bei 200 Grad 15–20 Minuten backen. Nach Belieben die heissen Strudel mit einem Stück Butter bestreichen. Warm oder kalt servieren.

Wichtig

Der Teig sollte so dünn wie möglich ausgewallt werden. Die Strudel immer auf Backpapier oder eventuell direkt auf dem Backblech fertigstellen, da ein fertiger Strudel von dieser Grösse beim Anheben mit den Händen bricht oder die Form verliert.

Blitzkuchenteig

Lernen Sie dieses Rezept auswendig. Dann geht dieser Teig nämlich blitzschnell. Und es lohnt sich, ihn oft zu machen, denn er ist ausgesprochen fettarm, und das verwendete Fett ist erst noch pflanzlicher Art. Das Geheimnis dieses Teigs besteht darin, dass das Öl sich mit dem heissen Wasser zu einer Emulsion verbindet und dadurch «gestreckt» wird. Am besten verwenden Sie kaltgepresstes Maiskeimöl.

Ergibt 1 Kuchen oder 1 Wähe von ca. 30 cm Durchmesser.

275 g Vollkornmehl, frisch gemahlen
(z. B. 200 g Weizen oder Dinkel, 50 g Gerste und 25 g Hafer)
¼ TL Meersalz
175 ml Wasser
50 ml Öl

- Mehl und Salz in eine Schüssel geben und eine Mulde formen.
- Das Wasser in einer Saucenpfanne zum Kochen bringen. Das Öl in einem Messbecher abmessen und das sprudelnd heisse Wasser dazugiessen. Mit dem Stabmixer oder Schneebesen 1 Minute rühren, bis die Flüssigkeit emulgiert und milchig weiss wird.
- Sofort in die Mehlmulde giessen und alles zu einem Teig zusammenfügen. So wenig wie möglich kneten.
- Der Teig kann sofort ausgerollt werden. Falls er noch zu weich ist, lässt man ihn ruhen, bis die Füllung oder der Belag zubereitet ist.

Blitzkuchenteig für Strudel

Zutaten und Zubereitung sind genau gleich wie beim Blitzkuchenteig. Anstelle einer Mehlmischung sollte aber reines frisch gemahlenes Weizenmehl verwendet werden, da dieses beim dünn Ausrollen besser zusammenhält. Ausserdem muss der Teig etwa 5 Minuten geknetet werden und mindestens ¼ Stunde zugedeckt ruhen können. Lässt er sich dann immer noch nicht gut ausrollen, wird er nochmals kräftig durchgeknetet.

Süsser Blitzkuchenteig

Zutaten und Zubereitung wie beim Blitzkuchenteig, dem Mehl jedoch zusätzlich noch 4 Esslöffel Vollrohrzucker beimischen.

Tofu-Apfelstrudel

Ergibt 2 Strudel

1 Rezeptmenge Blitzkuchenteig (Seite 70)
150 g Sultaninen
2 EL Kirsch
300 g Tofu
2 Äpfel
100 g gemahlene Mandeln
3–4 EL Birnendicksaft oder Honig
2 TL Zimt
¼ TL Bittermandelessenz
abgeriebene Schale von ½ Zitrone

■ Den Strudelteig herstellen und ruhen lassen.
■ Die Sultaninen im Kirsch einweichen.
■ Den Tofu in eine grosse Schüssel geben und mit einer Gabel zerstossen. Die Äpfel fein dazureiben und sofort vermischen. Die übrigen Zutaten darunter mischen und zuletzt die Sultaninen mit dem Kirsch beifügen.
■ Den Teig halbieren, je zu einem grossen Rechteck ausrollen, auf Backpapier legen.
■ Jeweils die Hälfte der Füllung in der Mitte verteilen. Die Seiten darüber schlagen. Den Strudel mit dem Backpapier anheben und auf das Blech gleiten lassen. Stupfen. Mit der zweiten Hälfte des Teigs ebenso verfahren.
■ Die Strudel im Backofen bei 200 Grad 15–20 Minuten backen. Nach Belieben die heissen Strudel mit einem Stück Butter bestreichen.
■ Warm oder kalt servieren. Siehe auch die Anmerkung zum Spinatstrudel mit Tofu, Seite 69.

Gefüllte Äpfel

50 g Sultaninen
1 EL Zitronensaft oder Rum
8 kleine oder 4 sehr grosse Äpfel
150 g Tofu
4 EL gemahlene Nüsse
1 TL Zimt
etwas abgeriebene Zitronenschale
Butter, nach Belieben
¼ l Apfelsaft

■ Die Sultaninen im Zitronensaft oder Rum einweichen.
■ Die Äpfel waschen und das Kerngehäuse entfernen. Die Äpfel in eine Gratinform stellen.
■ Den Tofu in eine Schüssel geben und mit der Gabel zerdrücken. Nüsse, Zimt, Zitronenschale und Sultaninen dazumischen. Die Äpfel damit füllen. Wenn nicht die ganze Füllung hineinpasst, diese auf die Äpfel häufen. Nach Belieben auf jedes Häufchen eine Butterflocke setzen.
■ Den Apfelsaft in die Form giessen. Im Backofen bei mittlerer Hitze backen, bis die Äpfel gar sind, je nach Sorte 20–30 Minuten.

Die Verwandlung im Mixer

Gemixt wird Tofu zu einem völlig neuen, sämigen Produkt, das an Mayonnaise oder Joghurt erinnert. Gewürzt oder gesüsst ergibt dies fettarme Aufstriche, Salatsaucen, Dips, Cremen und Kuchengenüsse.
Zum Mixen geben wir immer zuerst die Flüssigkeit ins Mixerglas. Die Menge richtet sich nach der Festigkeit des Tofus und nach der gewünschten Konsistenz der Creme. Weicher Tofu lässt sich besonders gut im Mixer verarbeiten. Wenn die Flüssigkeit eher knapp bemessen oder der Tofu sehr fest ist, geben wir ihn nur langsam, Brocken um Brocken, zur Flüssigkeit.

Tofunaise

Diese Mayonnaise enthält Eiweiss statt Fett.

2 EL Essig oder Zitronensaft
½ TL Meersalz
¼ TL Senf oder Senfpulver
½ TL Honig
2 EL kaltgepresstes Sonnenblumen-, Distel- oder Olivenöl
200 g Tofu, in Stücke gebrochen

- Die Zutaten in das Mixerglas geben und ganz fein pürieren.
- Die Mengen für die Zutaten können je nach Festigkeit des Tofus etwas variieren.

Varianten

Nach Geschmack können folgende Zutaten mitgemixt werden: frisch gemahlener Pfeffer, 1 durchgepresste Knoblauchzehe, Curry, Würzextrakt oder Hefewürze anstelle von Meersalz. Fein gehackte frische Kräuter, Zwiebel oder Schalotte unter die fertige Mayonnaise mischen.

Aïoli

Französische Knoblauchmayonnaise mit wenig Öl.

4 EL Olivenöl
3 EL Zitronensaft oder Essig
4 Knoblauchzehen, durchgepresst
wenig Zwiebeln, fein gehackt
Petersilie, gehackt
1 TL Thymian
Salz und Pfeffer
ca. 3 EL Wasser
300 g Tofu, in Stücke gebrochen

- Alle Zutaten in den Mixbecher geben und cremig pürieren.
- Zu rohen oder gedämpften Gemüsestücken als Vorspeise, zu Kartoffeln in der Schale, zu einem Salatteller oder als Brotaufstrich servieren.

Tofu-Dip

1 Schalotte oder 1 kleine Zwiebel, fein gehackt
½ Knoblauchzehe, durchgepresst
200 g Tofu
1 Tasse Sauerrahm
2–3 EL Parmesan, gerieben
Pfeffer und Salz

- Alle Zutaten in den Mixer geben und glatt pürieren.

Varianten

Dieser Dip kann mit vielen Zutaten, wie Kapern, gehackten Oliven, gehackten Kräutern und/oder gerösteten Sesam- oder Sonnenblumenkernen, angereichert werden.

Geschlagener Tofu

Überall dort, wo Schlagrahm verwendet wird, kann diese Creme als fettarmer Ersatz dienen. Sie schmeckt besonders gut zu Apfelmus oder Kompott.

50–100 ml Apfelsaft oder Fruchtsaft nach Wahl
1 EL Honig
1 EL Kirsch oder anderer feiner Schnaps
1 TL echter Vanillezucker
200 g Tofu, in grobe Stücke gebrochen

- Alle Zutaten in den Mixer geben und glatt pürieren.

Varianten

Das Aroma mit Zimt, Muskat, Koriander oder mit Saft oder Schale von Zitronen oder Orangen variieren.

Cocktailsauce auf russische Art

2 EL kaltgepresstes Mais-, Distel- oder Sonnenblumenöl
2 EL Rotweinessig
2 Knoblauchzehen, durchgepresst
1 EL Sojasauce
1 EL Tomatenpüree, doppelt konzentriert
¼ TL Salbei
¼ TL Basilikum
¼ TL Paprika
200 g Tofu

■ Alle Zutaten in den Mixbecher geben und cremig pürieren.
■ Mit Kräckern oder rohen Gemüsestücken als Dip servieren oder als Aufstrich für Kartoffeln in der Schale oder Brot verwenden.

Grünes Dressing

½ Bund frische Kräuter oder
1 EL Salatkräutermischung
1 Knoblauchzehe, durchgepresst
100 g Tofu, in Stücke gebrochen
2 ½ EL Essig
1 EL Olivenöl
2 EL Joghurt nature
½ TL Kräutersalz
frisch gemahlener Pfeffer

■ Die frischen Kräuter grob schneiden und in einen Mixbecher oder ein hohes Gefäss geben.
■ Knoblauch und Tofu dazugeben.
■ Alle übrigen Zutaten beifügen und alles im Mixer oder mit dem Stabmixer sämig pürieren.
■ Salatblätter und -gemüse auf 4 Teller anrichten und das Dressing mit dem Esslöffel darüber verteilen.

◀ *Cocktailsauce auf russische Art (links unten), Grünes Dressing (rechts oben)*

Zitronentorte

Ergibt 1 Kuchen von 28 cm Durchmesser

1 Rezeptmenge Blitzkuchenteig (Seite 70)
2 EL Nussmus oder 4 EL fein gemahlene Nüsse
2–3 EL Johannisbeerkonfitüre
abgeriebene Schale von ½ Zitrone
4 EL Zitronensaft
1 Ei
1 Becher Joghurt nature
4 EL Birnendicksaft oder Honig
1 EL Speisestärke oder Marantamehl
1 Messerspitze Muskat
½ TL Meersalz
400 g Tofu, in Stücke gebrochen

- Den Teig ausrollen, in eine eingefettete Kuchenform legen. Einen Rand hochziehen und den Teig mit einer Gabel stupfen.
- Nüsse und Konfitüre auf dem Boden verteilen.
- Die übrigen Zutaten im Mixer pürieren und auf den Kuchenboden giessen.

Im Backofen auf der untersten Rille bei 180 Grad 45 Minuten goldgelb backen.

Kuchen ohne Eier

Ein Grundrezept, das beliebig abgewandelt werden kann.

Ergibt 1 Kuchen von 20 cm Durchmesser oder 1 kleinen Cake

250 Weizenmehl, frisch gemahlen
2 TL Backpulver
1 TL echten Vanillezucker
1 Prise Meersalz
75 ml Apfelsaft
25 ml Maiskeimöl
100 g Vollrohrzucker
100 g Tofu

- Eine Kuchenform einfetten. Den Backofen auf 200 Grad vorheizen.
- Mehl, Backpulver, Vanille und Salz in einer Backschüssel mischen.
- Die übrigen Zutaten im Mixer oder mit dem Stabmixer pürieren. Sorgfältig unter die Mehlmischung heben und sofort in die Kuchenform giessen.
- Bei 200 Grad 35–40 Minuten backen.

Varianten

Dem Mehl eine oder mehrere der folgenden Zutaten beimischen:

50 g geriebene oder gehackte Nüsse
4 EL Kakaopulver
abgeriebene Schale von ½ Zitrone
50 g Rosinen
Anstelle von Vollrohrzucker Birnendicksaft oder Honig verwenden.

Zitronentorte ▶

Apfel-Haferflockenschnitten

Für eine Form von 20 x 30 cm oder 28 cm Durchmesser, ergibt 12 bis 16 Schnitten

Haferflockenteig:
200 g Haferflocken
75 g Vollkornmehl, frisch gemahlen
3 EL Sesamsamen
1 Prise Meersalz
5 EL Maiskeimöl
3 EL Honig
6 EL Wasser oder Milch, kochend heiss

Guss:
abgeriebene Schale von je ½ Orange und Zitrone
Saft von 1 Orange
evtl. etwas Süssmost (Apfelsaft)
3 EL Birnendicksaft
¼ TL Zimt
¼ TL Korianderpulver
1 TL Vanillezucker
1 Prise Meersalz
250 g Tofu, in Stücke gebrochen

Belag:
6 mittelgrosse Äpfel

■ Für den Teig Flocken, Mehl, Sesam und Salz in einer Schüssel mischen.
■ Eine Mulde formen, die übrigen Zutaten hineingeben und verrühren. Zu einem Teig zusammenfügen. Direkt in die eingefettete Kuchenform geben und mit feuchten Händen flach drücken.
■ Für den Guss die Orangen- und Zitronenschale direkt in den Mixbecher reiben. Den Orangensaft in einen Messbecher geben und wenn nötig mit Süssmost auf 200 ml ergänzen. In den Mixbecher geben, die übrigen Zutaten beifügen und pürieren.
■ Die Äpfel fein reiben.
■ Den Guss auf den Kuchenboden giessen und die Äpfel darauf verteilen.
■ Im Backofen bei 200 Grad 35 Minuten backen, bis die Äpfel goldbraun sind.
■ Den Kuchen in Schnitten schneiden und warm oder kalt servieren.

Amerikanisches Maisbrot

Ein Maisbrot, das fast wie Kuchen schmeckt. Der Tofu ersetzt hier die Eier.

Für eine grosse Cakeform

300 g Maismehl
50 g Vollkornmehl
2 TL Backpulver
¼ TL Meersalz
2 Messerspitze Cayennepfeffer, nach Belieben
je 1 Messerspitze Ingwer, Nelken und Muskat
2 EL Speisestärke oder Marantamehl
3 EL Maiskeimöl
6 EL Ahornsirup oder Honig
150 g Tofu
½ l Wasser

- Die Mehle, das Backpulver, die Gewürze und die Speisestärke in einer grossen Schüssel gut mischen.
- Die übrigen Zutaten im Mixer pürieren und unter die Mehlmischung heben.
- Den Teig sofort in eine eingefettete Cakeform füllen und im Backofen bei 180 Grad 45 Minuten backen.
- Reste vom Maisbrot im Kühlschrank aufbewahren.

Rumkuchen Varuschka

Für ein Kuchenblech von 22 cm Durchmesser

100 g Sultaninen (helle Weinbeeren)
3 EL Rum
250 g Blitzkuchenteig (Seite 70)
1 Ei
100 ml Sauermilch oder Milch
4 EL Vollrohrzucker
400 g weicher Tofu, in Stücke gebrochen
60 Baumnüsse, grob gehackt

- Die Sultaninen im Rum einweichen.
- Den Kuchenteig ausrollen, ins Blech geben und einen Rand hochziehen.
- Ei, Sauermilch, Vollrohrzucker und Tofu in den Mixer oder in einen für den Stabmixer passenden Becher geben. Cremig pürieren.
- Sultaninen und Rum zusammen mit den Nüssen unter die Creme ziehen und den Kuchenboden damit füllen.
- Auf der untersten Rille im Backofen bei 200 Grad 30 Minuten backen. Erkalten und am besten einen Tag durchziehen lassen.

Heidelbeer-Tofu-Kuchen

Für eine Form von 20 x 30 cm oder 28 cm Durchmesser, ergibt 12 bis 16 Schnitten

1 Rezeptmenge Haferflockenteig (Seite 78)
2 Eier
125 ml Birnendicksaft
Saft von 1 Zitrone
1 Prise Meersalz
500 g Tofu, in Stücke gebrochen
350 g Heidelbeeren

■ Den Teig herstellen und in die Form pressen.
■ Die übrigen Zutaten, ausser den Heidelbeeren, in den Mixer geben und fein pürieren.
■ Die Hälfte der Creme auf den Kuchenboden giessen. Die Heidelbeeren darauf verteilen und mit der restlichen Tofucreme bedecken.
■ Auf der untersten Rille im Backofen bei 180 Grad 45 Minuten goldgelb backen.

Varianten

Die Heidelbeeren können durch andere Beeren oder klein geschnittene Früchte der Saison ersetzt werden.

Birnen-Smoothie

400 ml Apfelsaft ohne Kohlensäure
3 Birnen, in kleine Stücke geschnitten
2 TL Agar-Agar-Pulver
1 Schnipsel Zitronenschale
1–2 EL Birnendicksaft
250 g weicher Tofu, in Stücke gebrochen
etwas Vanillepulver

■ 300 ml Apfelsaft, die Birnen, Agar-Agar und die Zitronenschale zusammen aufkochen und köcheln lassen, bis die Birnenstücke weich sind (etwa 5 Minuten). Die Zitronenschale entfernen und die Birnen etwas erkalten lassen.
■ Inzwischen die restlichen 100 ml Apfelsaft, den Birnendicksaft, den Tofu und die Vanille im Mixer oder mit dem Stabmixer glatt pürieren.
■ Einen Teil der Agarflüssigkeit und der Birnen dazugeben und mitmixen, dann alles aus dem Mixbecher in den Topf zu den Birnenstückchen giessen und gut verrühren.
■ In Portionenschalen anrichten und erkalten lassen.

Varianten

Anstelle von Birnen können andere Saisonfrüchte oder Beeren verwendet werden.

◄ *Heidelbeer-Tofu-Kuchen*

Aufs Eis gelegt

Das Einfrieren macht den Tofu faseriger, fester und fleischähnlicher. Nach 24 Stunden ist er zur weiteren Verwendung bereit, kann gefroren aber auch bis sechs Monate aufbewahrt werden und gewinnt dabei noch an Geschmack.
Den Tofu im Kühlschrank oder bei Zimmertemperatur auftauen lassen oder, wenn es eilt, mit kochend heissem Wasser übergiessen und 10 bis 15 Minuten stehen lassen.
Den aufgetauten Tofu mit kaltem Wasser abspülen und mit leichtem Handdruck das Wasser herauspressen.

Tofu in saurem Most

400 g Tofu
1 EL Butter oder Öl
1 Zwiebel, fein gehackt
1–2 Knoblauchzehen, durchgepresst
200 ml Gemüsebouillon
200 ml saurer Most (Apfelwein)
Meersalz, Pfeffer aus der Mühle
2 säuerliche Äpfel
½ TL Kümmel
Saft von ½ Zitrone

- Den Tofu mindestens 24 Stunden ins Gefrierfach legen und wieder auftauen lassen.
- Den aufgetauten Tofu etwas auspressen und in feine Streifen schneiden.
- Das Fett in einer Bratpfanne erwärmen, Zwiebel und Knoblauch darin glasig braten.
- Den Tofu beifügen und kurz mitbraten. Mit Bouillon und Most ablöschen und mit Pfeffer und Salz würzen. 30 Minuten leise köcheln lassen.
- Inzwischen die Äpfel in Schnitze schneiden und im Dampfeinsatz knapp weich kochen.
- Den Tofu 5 Minuten vor dem Servieren mit Kümmel und Zitronensaft würzen.
- Anrichten und mit den gedämpften Äpfeln servieren.

Salade niçoise

Anstelle von Thunfisch nehmen wir gefrorenen Tofu.

250 g gefrorener Tofu
300 g frisch gekochte Schalenkartoffeln
2 TL Senf
2 Knoblauchzehen, durchgepresst
4 EL Olivenöl
2 EL Zitronensaft oder Essig
2 EL Sojasauce
1 Schalotte oder kleine Zwiebel, fein gehackt
12 schwarze Oliven
3 Gewürzgurken, fein geschnitten
1–2 EL Petersilie, fein gehackt
1 Tomate und Salatblätter zum Garnieren

■ Den Tofu auftauen lassen und das Wasser herauspressen. In kleine Fetzchen reissen.
■ Die Kartoffeln in Scheiben schneiden und mit dem Tofu vermengen.
■ Senf, Knoblauch, Olivenöl, Zitronensaft oder Essig und Sojasauce in eine Schüssel geben und mit dem Schneebesen verrühren.
■ Über den Tofu und die Kartoffeln giessen.
■ Die übrigen Zutaten ausser Tomate und Salatblättern beifügen und unterheben. Wenn möglich ½ Stunde oder länger ziehen lassen.
■ Auf schönen Salatblättern, mit Tomatenschnitzen verziert, servieren.

Panierte Schnitzel aus gefrorenem Tofu

500 g gefrorener Tofu
¾ l kräftige Gemüsebrühe
Mehl
1 Ei
1 TL Milch oder Wasser
60 g Vollkornpaniermehl
2 TL Speisestärke
Öl oder Butter zum Braten

■ Den Tofu auftauen und das Wasser auspressen. In Scheiben schneiden.
■ Die Brühe zum Kochen bringen, den Tofu hineingeben, aufkochen und die Hitze ausschalten. Den Tofu 15 Minuten in der Brühe ziehen lassen. Herausnehmen und abtropfen lassen.
■ Drei Suppenteller bereitstellen. In den ersten Mehl geben, im zweiten Ei, Flüssigkeit und wenig Kräutersalz verrühren, im dritten Paniermehl und Stärkemehl vermischen.
■ Die Tofuscheiben zuerst im Mehl, dann im Ei wenden, am Tellerrand abstreifen, im Paniermehl wenden und dieses anschliessend gut andrücken.
■ Bei guter Hitze in der Bratpfanne beidseitig goldbraun braten.

Varianten

■ 2 EL Sesam oder geriebenen Parmesan unter das Paniermehl mischen.
■ Die panierten Schnitzel frittieren.

Tipp

Die Brühe als Suppen- oder Saucengrundlage weiterverwenden.

Spiesse mit gefrorenem Tofu

Jetzt können auch Vegetarier den Grillgenüssen frönen.

500 g Tofu, in grosse Würfel geschnitten
ca. 1 kg Gemüse (z. B. Zucchini, Champignons, Peperoni/Paprika, Zwiebeln, Broccoli, Blumenkohl), in grosse Stücke geschnitten
Olivenöl
Kräutersalz

Marinade:
1 TL Meersalz
4 EL Olivenöl
2 EL Tomatenpüree
2 Knoblauchzehen, durchgepresst
1 EL frischer Oregano, fein gehackt
½ EL frischer Salbei, fein gehackt
Pfeffer aus der Mühle

- Die Tofuwürfel in einen Gefrierbehälter geben und mindestens 24 Stunden gefrieren lassen.
- Herausnehmen, auftauen lassen und jeden Würfel mit sanftem Druck etwas auspressen.
- Die Zutaten für die Marinade in eine Schüssel geben, gut verrühren. Die aufgetauten Tofuwürfel darin wenden, bis sie rundherum mit Marinade überzogen sind. 30 Minuten ziehen lassen.
- Abwechslungsweise Gemüse- und Tofustücke dicht auf Holzspiesse stecken. Das Gemüse mit Olivenöl bepinseln und mit Kräutersalz bestreuen.
- Grillieren, bis die Tofustücke eine braune, feste Kruste bekommen.

Variante

Für die Zubereitung im Backofen die Stücke nicht aufspiessen, sondern nebeneinander in eine Gratinform legen. Im Backofen bei 200 Grad 30–40 Minuten backen.

Spiesse mit gefrorenem Tofu ▶

Won Ton

Teig:
250 g Mehl
1 Ei
80 ml Wasser

Füllung:
20 g getrocknete Shiitakepilze, in Wasser eingeweicht
1 EL Maiskeimöl
1 TL Ingwerwurzel, fein gerieben
2 Knoblauchzehen, durchgepresst
100 g Champignons, sehr klein geschnitten
100 g Lauch, sehr fein geschnitten
100 g Kohl oder Chinakohl, fein geschnitten
100 g gefrorener Tofu, in kleine Würfel geschnitten
1 kleine Chilischote, fein geschnitten
1 EL Sojasauce
einige Tropfen geröstetes Sesamöl (siehe Tipp Seite 16)
1 TL Obstessig
1 TL Meersalz

■ Mehl, Ei und Wasser mischen und zu einem geschmeidigen Teig kneten. Wenn nötig die Wasser- oder Mehlmenge vergrössern. 1 Stunde gut zugedeckt stehen lassen.
■ Für die Füllung das Wasser mit den Shiitakepilzen aufkochen. Die Pilze herausnehmen, die harten Stiele entfernen und die Hüte sehr klein schneiden. (Das Einweichwasser als Suppengrundlage zurückbehalten.)
■ Das Maiskeimöl im Wok oder in einer Bratpfanne erhitzen. Ingwer und Knoblauch beifügen und einmal umrühren.
■ Champignons, Chinakohl und Lauch dazugeben und rührbraten, bis sie zusammenfallen.
■ Vom Herd nehmen. Die Shiitakepilze, Tofu, Chilischote, Sojasauce, geröstetes Sesamöl, Essig und Salz untermischen.
■ Den Teig messerrückendick zu einem grossen Rechteck ausrollen. In Quadrate von etwa 8 x 8 cm schneiden.
■ Die Füllung auf die Quadrate verteilen. Den Teig darüber schlagen, so dass Dreiecke entstehen, gut andrücken.
■ Die Won Ton können frittiert oder in der folgenden Zubereitung gereicht werden:

Won Ton in der Pfanne gebraten

1 Rezeptmenge Won Ton
Maiskeimöl

■ In einer grossen Bratpfanne reichlich Öl erwärmen. Die Won Ton dicht nebeneinander in die Pfanne geben und bei mittlerer Hitze braten, bis sie einen goldbraunen Boden bekommen.
■ So viel kaltes Wasser zugiessen, dass sie bis zu einem Drittel bedeckt sind. Die Pfanne sofort zudecken. Schmoren lassen, bis alles Wasser verdampft ist.
■ Die Won Ton warm oder kalt als Vorspeise oder zum Aperitif servieren. Zusammen mit Salat oder Gemüse ergeben sie eine vollständige Mahlzeit.
■ Dazu Chilisauce (Seite 30) oder mit Ingwersaft (siehe Seite 16) aromatisierte Sojasauce servieren.

Won Ton ▶

Moussaka

400 g gefrorener Tofu
3 EL Sojasauce
600 g Auberginen, in ½–1 cm dicke Scheiben geschnitten
Olivenöl
1 grosse Zwiebel, fein gehackt
2 Knoblauchzehen, fein gehackt
100 g Champignons, in feine Blättchen geschnitten
2 grosse Tomaten, gewürfelt
¼ TL Basilikum
¼ TL Salbei
¼ TL Oregano
¼ TL Meersalz
Pfeffer aus der Mühle

1 Rezeptmenge Weisse Sauce (Seite 26)
100–150 g Emmentaler, gerieben

■ Den Tofu auftauen und das Wasser auspressen. Von Hand in eine Schüssel zerbröckeln. Mit der Sojasauce vermischen und ziehen lassen.

■ Die Auberginen in Olivenöl auf beiden Seiten glasig braten und auf einen Teller legen.

■ Zwiebel und Knoblauch ebenfalls in Olivenöl glasig braten. Die Champignons, dann die Tomaten dazugeben und ein paar Minuten einkochen lassen. Mit ½ Tasse Wasser ablöschen und würzen. Zugedeckt 5 Minuten garen.

■ Auberginen, Tofu und Gemüsesauce in Lagen in eine eingefettete Auflaufform schichten. Mit einer Lage Auberginen abschliessen.

■ Die Hälfte der Weissen Sauce darüber giessen und mit der Hälfte des Käses bestreuen. Die restliche Weisse Sauce und zuletzt den restlichen Käse darüber geben.

■ Im Backofen bei guter Hitze (220 Grad) 20–30 Minuten gratinieren. Mit einem Salat und einem einfachen Getreidegericht servieren.

Tofustroganoff mit Gemüse

400 g gefrorener Tofu
Öl
2 EL Sojasauce
400 g verschiedene Gemüse, klein geschnitten
1 Peperoncini oder Chilischote, fein gehackt
½ TL Meersalz
saurer Halbrahm oder Joghurt nature

■ Den Tofu auftauen und das Wasser auspressen. In Blättchen schneiden.

■ Wenig Öl in einer Bratpfanne erwärmen und den Tofu darin anbraten, bis er braune Ränder bekommt. Aus der Pfanne nehmen und mit der Sojasauce beträufeln.

■ Nochmals etwas Öl in die Pfanne geben. Die Gemüse und die Pfefferschote andünsten, bis sie zusammenfallen. Salzen.

■ Den Tofu unter das Gemüse heben und nochmals kurz erwärmen.

■ Zu Teigwaren, Getreide oder Kartoffeln servieren. Sauren Halbrahm oder Joghurt nature dazu reichen.

Moussaka ▶

Lasagne mit gefrorenem Tofu

400 g gefrorener Tofu
3 EL Sojasauce
1 Rezeptmenge Weisse Sauce (Seite 26)
1 EL Olivenöl
1 Zwiebel, fein gehackt
100 g Champignons, in Blättchen geschnitten
300 g Gemüse nach Saison, in mundgerechter Grösse
2 Tomaten, klein geschnitten, oder eine kleine Dose Tomaten (Pelati)
100 ml Rotwein
1 EL Tomatenpüree
Kräutersalz
50 g Pinienkerne oder grob gehackte Nüsse nach Wahl, geröstet
50 g Rosinen
250 g Lasagneteigblätter
50 g Parmesan oder Sbrinz, gerieben

■ Den Tofu auftauen, das Wasser auspressen, von Hand in eine Schüssel zerbröckeln. Mit der Sojasauce vermischen und ziehen lassen.
■ Die Weisse Sauce zubereiten und köcheln lassen; wenn nötig verdünnen.
■ Die Gemüse im Olivenöl rührbraten, bis sie etwas zusammenfallen. Die Tomaten dazugeben und mit Rotwein, Tomatenpüree und Kräutersalz würzen.
■ Den Boden einer eingefetteten Gratinform mit Lasagneteigblättern auslegen. Die Hälfte des Gemüses, des Tofus, der Pinienkerne oder Nüsse und Rosinen darauf verteilen. Mit Lasagneteigblättern bedecken und den Rest der Füllung darauf verteilen. Mit einer Lage Lasagneteigblätter abschliessen und die Hälfte des Käses darüber streuen.
■ Mit der Weissen Sauce übergiessen und den restlichen Käse darauf verteilen.
■ Die Form mit einem passenden Deckel oder mit Alufolie zudecken (da die Teigwaren unter dieser Haube weich gedämpft werden, ist es nicht nötig, sie vorher in Salzwasser weich zu kochen).
■ Im vorgeheizten Backofen bei 200 Grad 20–30 Minuten backen. Den Deckel abnehmen und nochmals 15 Minuten gratinieren.

Tofu selbst gemacht

Selbst gemachter Tofu ist ein hochwertiger und sehr billiger Eiweissspender. Frisch «aus dem Bad gehoben», noch warm von der Zubereitung, ist er zudem eine unvergleichliche Delikatesse. Seinen zart-süssen Geschmack verliert er schon nach wenigen Stunden Kühlung und Wässerung. Anfänger im Tofumachen sollten sich etwa 2 Stunden Zeit nehmen. Nach dem dritten oder vierten Mal wird die Metamorphose von den eingeweichten gelben Bohnen zum weichen, weissen Tofu in einer guten Stunde vollzogen sein.

Geräte und Zutaten

- Presskasten (Bezugsquelle siehe Seite 94). Anstelle des Presskastens kann ein gelochtes Gefäss verwendet werden, z. B. ein Salatsieb, ein mit Löchern versehener Plastikbehälter oder eine Konservenbüchse sowie ein Teller oder ein Brett, das in dieses Gefäss hineinpasst.
- Presssack aus Baumwollmusselin, nicht zu dicht gewoben, 45 x 35 cm
- Ausschlagtuch aus feiner Baumwolle, 40 x 50 cm
- Mixer, Stabmixer oder Fleischwolf
- grosser Kochtopf, mindestens 8 Liter Fassungsvermögen
- 2 grosse Schüsseln
- Kochlöffel, Teelöffel, Suppenkelle
- Kartoffelstampfer oder Flasche
- Messbecher
- Salatsieb
- feines Drahtsieb (Mehlsieb)
- 450 g Sojabohnen
- 3 TL (20 g) Nigari (Magnesiumchlorid). Nigari ist das traditionelle Gerinnungsmittel. Es wird aus Meersalz gewonnen und ergibt den feinsten Tofu (Bezugsquelle Seite 94). Man kann Nigari auch selbst herstellen. Dazu legt man ein mit Meersalz gefülltes Sieb über einen Krug. Nach wenigen Tagen löst sich das Nigari und tropft in das Gefäss.

  Die Geräte dürfen nicht aus Metall sein, und die umgebende Luftfeuchtigkeit muss möglichst hoch sein.

  Gereinigter Gips (Calciumsulfat, erhältlich in Drogerien) eignet sich ebenfalls zum Fällen von Sojamilch. Mengen und Anwendung sind gleich wie bei Nigari, Calciumsulfat muss jedoch sofort nach dem Auflösen verwendet werden. Tofu kann auch mit Zitronensaft oder Essig hergestellt werden (4 EL auf 450 g Bohnen).

Die Herstellung

1. Am Vorabend die Sojabohnen waschen und in reichlich kaltem Wasser einweichen. Die Einweichzeit hängt von der Bohnenqualität, der Wasser- und Zimmertemperatur ab. Im Sommer sollte man 8–12, im Winter 12–24 Stunden rechnen. Um festzustellen, ob die Bohnen genügend gequollen sind, halbiert man einige davon. Die Hälften müssen innen flach und von gleichmässiger Farbe sein. Weisen sie eine Vertiefung von etwas dunklerer Farbe auf, brauchen sie noch Zeit. Wenn sich Blasen auf dem Einweichwasser bilden, hat man die Bohnen zu lange quellen lassen. Notfalls können auch zu kurz oder zu lang eingeweichte Bohnen verwendet werden.
2. Den Presssack befeuchten, das Salatsieb damit ausschlagen und über eine Schüssel hängen. Im Kochtopf 2 ½ Liter Wasser aufsetzen.
3. Während das Wasser heiss wird, das Einweichwasser abschütten. Die Bohnen in 3 Teilen mit je ½ Liter frischem Wasser im Mixer so fein wie möglich pürieren und in das heisse Wasser auf dem Herd giessen. (Im Fleischwolf püriert man die Bohnen ohne Wasser und gibt 1 ½ Liter Wasser separat in den Topf. Die feinste Scheibe wählen und die Bohnen zweimal durchdrehen.) Das Püree im Kochtopf häufig rühren.

4. Sobald der Schaum hochsteigt (Vorsicht, läuft leicht über!), den Topf vom Herd nehmen und alles in den vorbereiteten Presssack giessen. Den Kochtopf sofort mit kaltem Wasser reinigen, er wird gleich wieder gebraucht.
5. Die Flüssigkeit mit einem Kartoffelstampfer oder einer Flasche aus dem Presssack pressen. Die Rückstände im Sack, das Okara, in die zweite Schüssel leeren und mit 1 Liter kaltem Wasser verrühren. Den Sack wieder über das Salatsieb schlagen und den Pressvorgang wiederholen. Zuletzt das Okara im Sack schütteln und von Hand auswringen. Es sollte so trocken wie möglich sein.
6. Die so gewonnene Sojamilch in den Kochtopf geben, zum Kochen bringen und 7 Minuten köcheln lassen. Von Zeit zu Zeit umrühren. Das Okara aus dem Presssack nehmen und im Kühlschrank aufbewahren. Den Sack mit kaltem Wasser ausspülen und zum Trocknen aufhängen.
7. Das Nigari in 400 ml Wasser auflösen und gut verrühren.
8. Die Sojamilch vom Herd nehmen. Unter kräftigem Rühren etwa ein Drittel der Nigarilösung hineingiessen. Kurz weiterrühren, vor allem am Boden und an den Wänden des Topfs. (Sojamilch gerinnt von unten nach oben.) Ein weiteres Drittel des Gerinnungsmittels über die Rückseite eines Löffels auf die Oberfläche der

Die Bohnen in 3 Teilen mit je ½ l Wasser pürieren.

Das Püree im Kochtopf häufig rühren.

Wenn der Schaum hochsteigt, in den Presssack giessen.

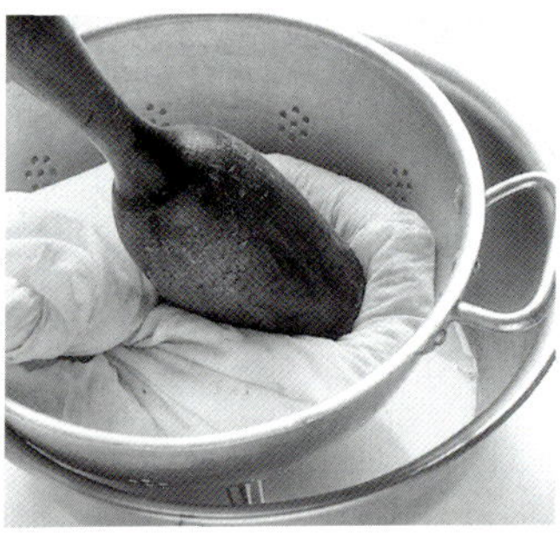

Die Flüssigkeit aus dem Presssack auspressen.

Das Nigari in Wasser auflösen.

Das Nigari über die Sojamilch verteilen.

Milch verteilen. Den Topf zudecken und 3 Minuten wirken lassen.

9. Den Rest der Nigarilösung noch einmal gut umrühren und wieder über den Löffelrücken über die Sojamilch verteilen. Die Oberfläche der Milch 1–2 Zentimeter tief langsam und vorsichtig etwa 15 Sekunden lang rühren. Den Topf wieder 3 Minuten zudecken. Jetzt die Sojamilch noch einmal 20–30 Sekunden an der Oberfläche rühren. Das Eiweiss sollte vollständig geronnen sein, das heisst, die Sojamilch hat sich in weissen Tofu und gelbe, klare Sojamolke geteilt. Wenn die Molke noch milchig blass ist, ist die Gerinnung nicht vollständig. In diesem Fall den Topf nochmals 1–2 Minuten zudecken, dann sorgfältig an der Oberfläche rühren. Bleibt auch jetzt noch milchige Flüssigkeit zurück, 1/4 Teelöffel Nigari in 1/4 Liter Wasser auflösen und direkt in die ungeronnene Milch giessen. Sehr langsam bis zum Gerinnen rühren.
10. Den Presskasten mit dem Ausschlagtuch auskleiden und auf ein Abtropfbrett stellen. Mit einem Drahtsieb die Tofuflocken hinunterdrücken, etwas Sojamolke herausschöpfen und das Ausschlagtuch damit befeuchten. So viel Molke wie möglich abschöpfen und aufbewahren. Das Sieb herausnehmen und den Tofu sorgfältig herausschöpfen und in den Presskasten schichten.
11. Das Tuch über den Tofu falten und den Deckel

Die Sojamilch hat sich in Tofu und Sojamolke geteilt.

Mit einem Drahtsieb die Tofuflocken hinunter drücken. So viel Molke wie möglich abschöpfen.

Den Tofu in den Presskasten schichten.

Den Tofu mit einem Gewicht beschweren.

Den Tofu aus dem Tuch schwimmen lassen.

Tofu, Sojamolke und Okara. Alles kann verwertet werden.

des Presskastens darauf legen. Mit einem Gewicht 10–15 Minuten beschweren.

12. Wenn der Tofu die gewünschte Festigkeit hat, den Spültrog oder ein grosses Becken mit Wasser füllen. Das Gewicht entfernen, den ganzen Presskasten ins Wasser tauchen und den Inhalt herausschwimmen lassen. Das Tuch aufschlagen und den Tofu durch Anheben des Tuchs herauslösen.
13. Nun ist der Tofu essfertig. Er wird in einem Gefäss mit kaltem Wasser aufbewahrt.

Der Ertrag
Aus 450 g trockenen Sojabohnen erhält man etwa 900 g Tofu. Wenn die Ausbeute viel kleiner ausfällt, kann das folgende Ursachen haben:
- Die Bohnen sind zu kurz eingeweicht worden.
- Die Bohnen waren zu grob gemahlen.
- Zu viel Nigari. Die Sojamilch ist zu schnell geronnen, so dass die Eiweissflocken nicht genügend Wasser aufnehmen konnten.
- Zu wenig Nigari. Die Sojamilch ist nicht vollständig geronnen, so dass Eiweiss in der Molke zurückblieb. Die in der Anleitung angegebenen 3 Teelöffel Nigari sind eine durchschnittliche Menge.
- Langes Pressen im Presskasten reduziert das Gewicht des fertigen Tofus etwas. Der Eiweissgehalt bleibt aber praktisch gleich.

Sojamolke
Die bei der Tofuherstellung anfallende Sojamolke kann wie folgt verwendet werden:
- In kleinen Mengen zum Trinken oder Kochen (wirkt entwässernd).
- Als Waschmittel zum Abwaschen, Putzen und zur Körper- und Haarwäsche.
- Als Dünger für Hauspflanzen und Garten. Mit der gleichen Menge Wasser verdünnen.

Sojamolke muss im Kühlschrank aufbewahrt werden und hält sich 3–4 Tage.

Okara
Okara ist der japanische Fachausdruck für die Faserrückstände der Sojabohnen, die bei der Tofuherstellung anfallen. Sie enthalten noch etwa 4% Eiweiss und sind essbar, aber infolge des hohen Fasergehalts schwer verdaulich. Daher nur in kleinen Mengen und nur in gekochter oder gebackener Form essen. Geeignet als Eiweiss- und Faserstoffzusatz in selbst gebackenem Brot, in Suppen, Frikadellen, Kuchen und Gebäck, wo sie einen Teil der Nüsse ersetzen können.
Okara ist weniger lang haltbar als Tofu. Durch Trocknen im Backofen kann es haltbar gemacht werden.

Bezugsquellen

Presskasten, Nigari und Sojabohnen sind erhältlich bei:

Genossenschaft
Tofurei Engel
Hofibachstr. 21
CH-8909 Zwillikon
Tel. 01-761 23 49
Fax 01-761 93 55

In Deutschland in grösseren Naturkostläden und Reformhäusern.

Suppen

Salate und Vorspeisen

Gefülltes

Eintopfgerichte

Aus der Bratpfanne

Gerichte aus dem Ofen

Saucen, Aufstriche, Pasten, Dips

Süssspeisen